詩書畵樂이 총망라된 김창례 에세이 두 번째 이야기

가족력으로 일궈낸

기적

글·그림 김창례

학마을B&M

가족력으로 일궈낸 기적

인쇄 | 2025년 09월 05일
발행 | 2025년 09월 27일

글·그림 | 김창례
펴 낸 이 | 김재련
펴 낸 곳 | 학마을B&M(출판등록 1996. 11. 14 제1-2106호)
디 자 인 | 원제현 **마케팅** | 김사랑, 김종훈 **제작** | 송대규
주 소 | 서울시 마포구 월드컵북로16길 17, 2층 2023호
전 화 | (02)324-2993~4 **팩 스** | (02)324-2904
E-mail | kookjeon@hanmail.net

정가 | 25,000원
ISBN 978-89-87576-07-7(03650)

도서출판 학마을B&M 2025 Printed in KOREA

가족력으로 일궈낸

기적

귀로(歸路), 35×52cm

학마을B&M

프롤로그 (책을 내면서)

내 인생을 돌아보니 크게 3등분으로 삶의 빛깔이 나뉜다.

이십대 중반에 남편과 결혼하기 전까지 온통 잿빛이던 소녀 시절. 고된 시집살이 등 어려움은 많았지만 남편과 함께 세 아이를 낳아 기르며 어느 때보다 열심히 살았고 행복했던 결혼생활. 그리고 남편과 사별한 후 가정사 작은 일 하나마다 홀로서기 하는 마음으로 매사 조심스럽게 발 딛어온 지난 이십 년.

30여 년을 동고동락한 남편이 세상을 떠난 건 2003년이었다. 58세의 이른 나이였다. 장성한 아이들이 셋이나 있었지만 천애고아가 된 심정으로 막막했다. 남은 생을 혼자 어찌

강변춘색(江邊春色), 135×35cm

견디나 했는데 그때로부터 다시 20년이 흘러 팔십이 눈앞이다.

깡촌의 꼬맹이가 이만큼이나 살아왔구나.

살아온 날들이 오래전에 본 영화 장면들처럼 아련하게 떠오른다.

세월 헤아리며 하나하나 떠올리면 파란만장한데, 창밖 거리를 물끄러미 바라보고 있으면 한낮에 잠시 잠들었다가 깬 꿈결만 같다.

2005년에 남편을 추모하며 〈충청도 핫바지와 경기도 깍쟁이〉라는 에세이집을 출간했다. 다사다난했지만 행복했던 남편과의 결혼생활을 그 책에 담았다. 책을 내는 김에 나의 가난한 유년기와 소녀 시절도 몇 페이지 끼워 넣었다. 그렇게 나온 내 인생 60년의 이야기를 많은 사람들이 사랑해 주었다.

부족한 필력으로 이번에 또 한 권의 책을 엮는다. 남편을 보내고 난 후 살아온 지난 20여 년의 이야기다.

남편을 보내고 한동안은 집에 앉아 있으면 적막했다. 내 집이 아니라 어느 먼 곳에 여행을 와 있는 것만 같았다. 거실에서 아이들의 말소리와 발걸음 소리가 들리는데도 집이 아닌 것처럼 낯설었다. 그러다가도 대문에 초인종이 울리기라도 하면 '애아빠 퇴근했

우리나라 꽃, 34×34cm

모추(暮秋), 42×54cm

나 보다.' 반사적으로 자리에서 일어나고는 했다.

몇 달 지나자 차츰 일상은 안정 되었지만 그때부터는 집안을 지켜야 한다는 책임감이 나를 압박했다. 아이들과 나는 마음을 굳게 다잡으며 그 어느 때보다 하나가 되었다. 고인이 남긴 유산을 지키기 위해 지혜를 모았고, 공부가 필요하면 공부를 했고, 주변 사람들과의 관계에서도 고인의 빈 자리가 느껴지지 않도록 전보다 더 세심하게 신경을 썼다. 가장 중요하게 생각했던 건 가족의 화목이다. 우리는 집안의 모든 문제를 함께 의논하여 결정했다.

아이들은 배우자를 선택할 때에도 가족의 화합에 도움이 되는 사람인지를 가장 중요한 기준으로 삼았다. 둘째 재선이와 막내 세용이가 결혼했고, 손주도 셋이나 생겼다. 맏이 민선이는 아직도 미혼이다. 민선이는 언제라도 좋은 사람 만나면 결혼할 수도 있다지만 나이가 벌써 오십이고 보면 그런 날이 오려나 모르겠다. 전에는 그것이 못내 아쉬웠지만 본인이 전혀 개의치 않고 있으니 나도 이제는 마음 편히 생각하고 있다.

집안에 일이 있어 모이면 아이들 셋에 사위와 며느리, 손자 손녀까지 아훕 식구가 떠들썩하게 북적거린다. 성격이 모두 밝아서 웃음소리가 그치지 않는다. 잘 자라서 든든한 울타리가 되어준 아이들이 그지없이 고맙다.

그럴 때면 즐거운 가운데에서도 여지없이 남편이 떠오른다.

나 잘 해냈지요? 당신 늘 보고 있지요?

팔십이 된 이 나이에도 남편에게 어리광 부리고 싶고, 생색도 내고 싶고, "참 잘했어요" 칭찬도 듣고 싶다.

언젠가 손주 녀석이 말했다. 내가 90살 되면 증손자를 무릎에 앉혀드리겠단다. 기특한 마음에 웃으며 머리를 쓰다듬었다. 그때까지 살지 모르겠으나 지금만으로도 나는 여한이 없다.

살아온 세월이 주마등처럼 머리를 스친다. 실로 다채로운 삶이었다. 슬프고 고단했던 날들이 많았으나 가만히 돌아보고 있으면 기억되는 모든 나날이 아름답기만 하다. 나를 아는 모든 분들에게 깊은 감사의 마음을 드리고 싶다.

세한고송(歲寒古松), 168×57cm

축 사

“매 순간 겸손과 감사를 잃지 않는 모습에서 절대자의 손길을 느낍니다”

이윤하 (천주교 인천교구 효성동 성당 신부)

한 번뿐인 우리 각자의 삶을 세상에 드러내는 것은 누구에게나 그리 쉽지 않은 일입니다. 그것은 우리 자신이 완전하지 못 할 뿐만 아니라 희로애락과 길흉화복을 맞이하는 태도와 자세가 저마다 다르고, 항상 떳떳하기 힘든 우리 자신의 한계를 누구보다도 자신이 잘 알기 때문일 것입니다. 그런데도 자서전을 통해 자신을 보여주는 것은 단순한 인생 이야기를 넘어서, 주인공이 살면서 겪었던 실패와 좌절을 극복하고 성공에 이르기까지의 과정을 나누고 싶은 마음이 담겨 있기 때문입니다. 자서전을 통해 주인공이 어떤 어려움을 겪었고 어떻게 해결했는지를 배울 수 있기에 자서전은 매우 가치 있는 자료입니다.

숭화 김창례 루시아 여사님은 이 자서전을 통해 자신이 살아온 과정을 가감 없이 솔직 담백하게 드러냅니다. 올해로 팔순을 맞이하며 기술한 이

자서전은 성공 가도를 달리는 내용이라기보다는 한 가정의 평범한 자녀로서, 아내로서, 어머니로서 지나온 삶을 잔잔한 감동과 함께 보여줍니다.

이분의 글을 읽고 있으면 남 얘기가 아니라 나 자신의 얘기 같다는 생각이 듭니다. 평범한 일상사, 매 순간의 도전, 예기치 못한 사건, 산 넘어 산, 마침내 섭리 등 보통 사람들 누구나 겪을 수 있는 일들 속에서 보이지 않는 분의 손길을 인식하게 되는 과정이 읽는 이의 심금을 울립니다.

오랫동안 제가 곁에서 보아온 저자는 항상 상냥하고 웃음을 선사하며 주변을 밝게 만드는 재주를 지니고 계십니다.

여름날 오후, 121.5×34.5cm

소나무, 34×34cm

그에 못지않게 남을 감동으로 울리는 재주도 지녔습니다. 이분은 주는 것이 받는 것보다 행복하다는 말씀을 몸과 마음으로 실천하는 분입니다. 살아가면서 매 순간 겸손과 감사를 잃지 않는 저자의 모습에서 절대자의 애정 어린 손길을 느끼지 않을 수 없습니다.

사람의 한평생은 그 어느 것과도 바꿀 수 없는 거저 받은 선물입니다. 이 선물을 어떻게 사용하는가를 배우는 데는 전 생애가 필요합니다. 그중에서 남을 위해서 사는 인생만이 참으로 값어치 있는 인생입니다. 평소에 선행과 나눔을 부지런히 실행하는 숭화 여사의 삶이야말로 하느님 마음에 드는 제물이라고 믿습니다.

청향(淸香), 34×34cm

우리는 저마다 자기 인생의 주인입니다. 인생의 황혼을 맞아서도 시지 않는 열정과 애정으로 주변에 주님의 향기를 전달하는 한 신앙인의 삶을 일독하시기 바랍니다. 맑고 아름다운 공기를 느끼실 것입니다.

지금으로부터 40년 전 천주교 소사성당에서 만나 한동네에서 20년을 같이 살면서 사회활동과 자모회 레지오라는 단체에서 생활한 것이 우리가 지금까지 살아온 인생 중 가장 값진 행복과 축복의 교과서라 생각합니다.

축 사

"존경하는 김창례 루시아 자매님의 팔순을 기리며"

오진숙(오클라우디아) 수녀(성가소비녀회)

동리가국, 135×70cm

주보 성녀(루시아:뜻은 '빛')의 이름대로 평생을 내어주시며 빛 밝히신 루시아 자매님의 의미 있는 삶의 행적들은 곳곳에서 생명력으로 살아 숨 쉬는 듯 느껴집니다. 하늘처럼 크고 바다같이 넓은 마음으로 사람을 배려하고 격려하시는 그 따뜻함은 주님의 인자하신 얼굴이 되어 많은 분들에게도, 저에게도 깊은 인상을 남기셨습니다.

어느 날 루시아 자매님의 팔순을 기리는 책을 내게 되었다는 반가운 소식과 함께 저에게 글을 부탁해오신 자매

보길도 소견(甫吉島 所見), 41×61cm

님의 말을 듣고 가까이서 지낼 수 있었던 지난날들을 가만히 돌아보니 살아오신 삶이 아름다우셔서 무엇을 어디서부터 말해야 할지 망설여지고 조심스럽기만 합니다.

그렇더라도 작은 단편으로나마 제게 남기신 인상의 그 면모를 엿보게 하는 소중한 한 장의 사진처럼 선명히 떠오르는 기억들이 있습니다.

故 박노광 요셉 형제님이 세상을 떠나가신 지 어느덧 스물두 해가 지나가는 동안 흥망성쇠는 하느님께로부터 오는 것이니 일상의 모든 것을 주님께 의탁하며 초긍정의 감사하는 생활로 이어가시면서 구역의 홀로 사시는 어르신들을 방문하고 정기적으로 식사를 대접해 드렸습니다. 그뿐 아니라 그분들로서는 엄두도 못 낼 제주도 여행을 기획하여 잊을 수 없는 소중한 추억을 안겨 드렸을 때 얼마나 큰 위안과 기쁨이 되시었는지는 지금 생각해 봐도 신나고 가슴 뭉클해 옵니다. 이외에도 여러 모양으로 이

들에 대한 배려와 남다른 사랑은 고인이 되신 요셉 형제님과 한결같은 길을 걸으셨습니다.

이렇게 어려운 사정을 그냥 보아 넘기지 못하시는 그 따뜻함은 학생들을 후원하고 국경을 넘어 제가 아르헨티나의 원주민들과 함께 있을 때도 발휘되었습니다. 그 마음의 고질적 문제는 가난이었습니다. 가난의 대물림으로 좀처럼 해결되지 않는 문제가 교육이어서 저희 수녀(2명)들은 마을 공동체와 협의하여 아이들에게 꿈을 꾸게 하고 희망을 실현할 수 있도록 '어린이도서관'을 설립하게 되었는데, 자매님이 그곳 아이들에게까지 차별 없이 도움의 손길을 보내시어 마을의 프로젝트였던 어린이도서관을 마침내 개관하기까지 큰 힘이 되어주셨던 일은 지금도 가슴이 뛰는 큰 감동으로 다가옵니다.

그 외에도 많음 미담이 있지만 다 실을 수 없는 것이 못내 아쉽습니다. 그중에 도전하시는 삶의 열정은 저도 부러울 정도입니다. 제가 여기 언급하지 않아도 다 알고 계시듯이 재담으로, 노래로, 글씨로, 색소폰 연주로 재

선과(仙果), 135×35cm

미있고 유쾌하게 사람들과 소통하며 봉사활동으로 감동을 주는, 그러면서도 진중하게 재능을 마음껏 나누며 삶을 열심히 가꿔가시는 모습은 주름잡던 그때보다 팔순인 지금이 참 행복해 보이십니다.

이렇게 열심히 살아오신 자매님의 으뜸은 세상에서 그토록 사랑하시는 세 자녀와 손주들에게 성경 말씀을 가훈처럼 반복해 신신당부 들려주신다는 이야기는 몇 번을 거듭 들어도 진한 감동으로 다가옵니다. 자칫 물질 만능으로 황폐해질 수 있는 우리 현실에서 자매님이 굳게 지켜나가시는 가정의 신앙, 즉 그 무엇으로도 대신할 수 없는 이 소중한 보물이 세 자녀와 손주들에게 고스란히 전해져 생명의 그 빛 속에서 후손들이 복되게 번성하기를 빕니다.

뜻깊은 팔순을 축하드리오며, 다시 시작하는 기쁨 속에서 은총이 충만하시길 축원합니다.

저 높은 곳을 향하여, 70×116cm

축 사

"김창례 루시아 여사님의 팔순을 축하하며"

신원철 (前 인천 연수구 초대, 2대 민선구청장)

나이를 먹었음에도 신뢰하고 존경하는 벗이 곁에 있다는 것은 참으로 좋은 일이다. 공자(孔子)는 논어에서 말씀하시기를, 유익한 벗과 손해나는 벗이 각각 셋이 있었는데 유익한 벗으로는 첫째가 직우(直友)요, 둘째가 양우(諒友)요, 셋째가 다문우(多聞友)라고 했는데 김창례 여사야말로 다문우에 속하는 유익한 벗이 아니겠는가? 더구나 글이면 글, 서예면 서예, 창(唱)이면 창, 악기면 악기에다 경지에 다다른 문인화(文人畵)까지 늦은 나이임에도 다양한 예술세계를 주유(周遊)하시는 모습을 보니 경외감까지 느껴지는 것이다.

나하고의 인연은 15년 전쯤 성당 신부님의 소개로 만나 인천연수 원로모임에서 같이 활동을 하고 있는 것 말고는 그리 내세울 것이 없지만 나이가 비슷해서라기보다 인생사와 깊은 작품들을 대하고부터 존경이 앞서는 우정을 나누는 중이다. 전시회나 책에서, 그리고 작품활동을 통해서 여사님의 진면목을 발견하고 그 깊이에 문득 문득 놀라면서 말이다.

군이 이 빈약한 입을 빌리지 않더라도 아는 분들은 다 아는 여사님의 질곡의 인생역정과 피나는 노력의 흔적은 정말 군계일학의 경지이며, 살아온 이 모든 것을 담아 팔순을 기념하는 자서전으로 출간한다니 경하를 드리지 않을 수 없음이다.

요즘 사람들의 관계를 보면 서로 교류하는 방법이나 배경이 옛 시절과 다르다. 이해득실을 따져 쉽게 만나고 쉽게 헤어지는 풍조가 만연하다. 김 여사와는 살아온 환경도 다르고 성(性)도 다르다. 그러나 저 관포지교(管鮑之交)까지에는 이르지 못하더라도 시류에 영합하거나 이(利)를 위해 만나는 사이가 아니니 지음(知音) 정도에는 미치지 않을까 기대도 해보는 것이다.

두 사람이 정담을 나누는 옛 그림에는 버드나무가 많다. 산수화나 문인화에 가장 많이 등장하는 나무가 소나무나 대나무가 아니라 버드나무였으

춘려조명(春麗鳥鳴), 136×28cm

만추도(晩秋圖), 69×39cm

니 버들 유(柳)는 머문다는 유(留)와 음이 같아 떠나지 말고 오래 같이 있기를 바랐기 때문이다. 나 또한 그런 생각으로 버드나무 한 그루를 축사에 넣어드리고 싶은 마음이다.

천자(天子)로부터 서인(庶人)에 이르기까지 벗의 도움 없이 성공한 자는 없다는 말이 있는데 벗이 잘되면 나도 잘되고, 벗이 건강하면 나도 건강한 것이 아닌가.

그럭저럭 산 인생이라 해도 비슷하게 산수(傘壽)를 맞았으니 미수(米壽)를 거쳐 망백(望百)과 백수(白壽)에는 못 다다르랴. 건강이 허락하는 시간까지 서로의 우정을 떠내 보내지 말고 함께하기를 바라는 기원을 담아 존경하는 김창례 루시아 여사님의 팔순기념 자서전에 올린다.

여사님, 오래 오래 건강하시라!

축사

"내 삶에 뿌리내린 신앙 천주교, 대모님 덕분이었습니다"

강명숙(율리안나) (대녀)

제가 세상에 태어나 제일 잘한 일은 예수님을 믿게 된 일입니다. 그 덕에 대모님을 만나고 많은 자매들을 만나서 너무 행복합니다. 저희 대모님(김창례 루시아) 80세 생신을 축하드리며, 부족한 제가 용기를 내어 고마운 마음을 전해드리려 합니다.

제가 예수님을 처음 뵌 것은 학교도 들어가기 전 옆집 친구 집에 걸려 있던 가시관을 쓰신 예수님의 성화를 본 일입니다. 아무것도 모르는 어린 저는 이상하고 무서웠습니다. 친구에게 "저게 누구냐?"고 묻자, 친구는 예수님이라고 하던 기억이 납니다. 예수님…….

세월이 지나 초등학교 4학년 옆집언니를 따라 의정부 주교좌성당 미사에 참석하였습니다. 수녀님께서 저를 주일학교 교리실로 안내해주셨습니다. 주일학교에서 같은 동네 사는 같은 반 남자친구를 만났습니다. 제 마음은 불편했습니다. 주일학교에 나갔지만 그 친구 때문에 포기하고 말았습니다. 그 친구는 저희 반에서 아주 짓궂은 악동이었으니까요. 저는 그 이후 저희 동네 작은 개신교 교회에 다녔습니다. 주님께서는 끊임없이 어린 저를 이끌어주셨습니다.

저는 어릴 적 잔병치레를 유난히 많이 하였습니다. 저희 어머니께서는 제게 식구가 다 안 다니는 교회를 너 혼자 다녀 아프다고 교회를 못 가게 하셨습니다. 저희 어머니는 미신을 광적으로 믿으셨던 분이시거든요. 그리던 어머니께서 연세 드시며 미신을 믿는다는 것은 부질없는 짓이라고 무당을 멀리하고 미신을 끊어버리셨습니다. 저도 어머니의 영향으로 점 보는 것을 매우 좋아했었습니다.

저도 배우자를 만나고 나이가 들어가면서 천주교에 대해 관심을 갖게 되었습니다. 이 또한 주님의 이끄심이었나 봅니다.

1983년 서울에서 부천으로 이사를 했습니다. 서울에서 이사 와서는 걱정 없이 안정된 생활을 하며 1986년 소사성당에 입교하여 교리공부를 시작했습니다. 그러던 중, 남편이 새로 시작한 자영업이 무너지기 시작했습니다. 점점 어려워지며 몸과 마음이 지쳐가고 있었습니다.

동검도 추색, 35×41cm

영세식을 앞두고 대모님을 모셔야 했습니다. 아는 사람도 없는 제가 어떻게 해야 할까 고민 중이었습니다. 그때 故 안셀모 송주석 신부님께서 대모님을 맺어주셨습니다. 김창례 루시아님을 전혀 모르는 생면부지 상태였습니다. 대모님께서 처음 저희 집을 방문해 주셨습니다. 저는 마음의 문을 닫고 내 처지를 누구에게도 말하고 싶지 않았습니다. 그러자 김창례 루시아 대모님께서 처음 만난 제게 말문을 여셨습니다. 아무런 거리낌없이 그동안 당신께서 살아오신 결코 순탄치않았던 시간을 말씀해주셨습니

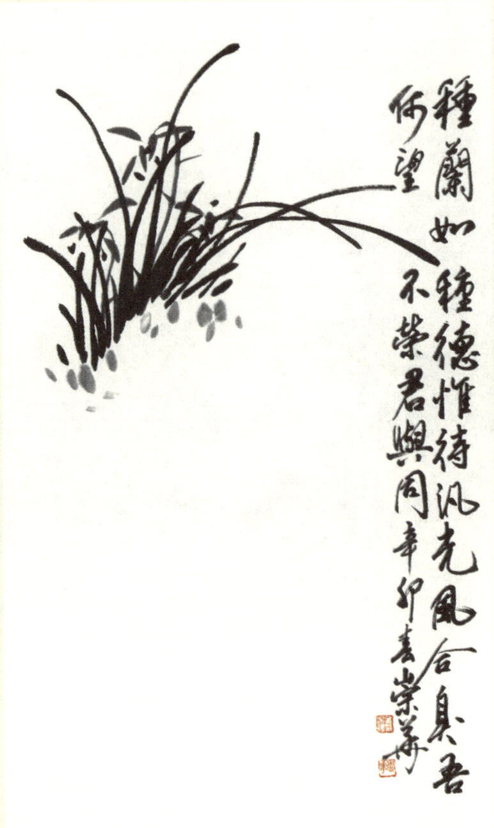

종란(種蘭), 69.5×41cm

다. 저는 부모 형제에게도 말할 수 없었던 제 속내를 말입니다. 만남은 짧았지만 동병상련을 느끼며 많은 생각을 하게 되었습니다. 얼어있던 제 마음이 따뜻하게 녹아내리며 오랜만에 행복함을 느꼈습니다. 희망을 보았습니다.

시간이 지날수록 남편 일은 더 어려워져 갔습니다. 어느날 대모님께서 찾아오셨습니다. "내가 도와줄테니 다시 시작해보라" 하셨습니다. 저희는 너무 놀라워서 믿을 수가 없었습니다. 돈 한두 푼으로 해결될 일이 아니었으니까요. 꿈속인가 했지만 현실이었습니다. 그렇게 큰돈을 차용증을 작성하거나 이자를 받겠다는 등의 아무런 조건 없이 내주셨습니다. 저희는 그 이후 다시 일어설 수 있었고 큰 걱정 없이 살 수 있게 되었습니다. 대모님 덕분에 안정된 생활을 하며 살고 있습니다.

하느님의 은혜로 맺어주신 대모님 대녀로 만나 저는 너무나 큰 은총을 받았습니다. 저는 영세를 받은 이후, 열심히는 못 했지만 냉담해 본 적은 없습니다. 그 이후 남편은 물론, 아이들까지 온 식구가 영세를 받고 성가정을 이루었습니다. 이 모든 것은 대모님 덕분입니다.

대모님께서는 하느님의 사랑을 몸과 마음으로 실천하시며 살아가시는 분이십니다. 그 연세에도 모든 일에 열정적이시고, 새로운 일에 도전하시며 적극적으로 끊임없이 노력하시는 분이십니다. 이런 분을 대모님으로 만나 많은 것을 배우고 본받아 대모님의 생활을 닮아가려 노력합니다. 어떠한 말로써 대모님께 감사한 마음을 다 전하겠습니까? 다시한번 대모님 80주년 생신을 축하드리며, 주님의 은총이 함께하시길 기도드립니다.

대모님 사랑합니다!

축 사

"내조의 여왕, 팔방미인 예술가, 봉사의 제왕, 모두를 품어 주는 큰 산"

김영순 (비비안나, 진천 궁골 시민기자)

김창례 루시아 회장님은 내조의 여왕이자 팔방미인 예술가이자 조력자로서 기쁘게 사시는 분, 봉사의 제왕으로서도 부지런하신 분, 우리 모두를 품어 주는 큰 산 등등 다양한 애칭의 이름이 많으신 분입니다. 제가 잊지 못하는 말씀 중 "하느님께서 제게 돈의 축복을 주셨는데 왜 주셨나? 하니 쓰라고 주셨습니다" 하신 말씀은 의미심장한 미소를 짓게 합니다.

무의탁 노인과 제주도 못 가보신 분들을 모시고 회장님 자비를 들여 제주도 여행을 다녀오시고, 제가 알기로 1980년 때부터 시흥 섭리의 집의 가난하고 병든 사람들에게 매달 몇십만 원씩 자동이체로 송금하면서 사신 분입니다.

주부가 음식이 쉬면 보통의 우리네는 버립니다. 본인을 위해서는 지극히 알뜰하게 하면서 주위의 어려운 분들께는 사랑과 희망을 주십니다. 어려움을 당한 사람의 손을 잡아주시고 끊임없이 이야기를 들어주십니다.

더욱더 존경스러운 것은 하늘처럼 여기시던 남편분이 세상을 떠났을 때 크게 좌절에 머물지 않고 삼 남매를 단단하게 키우시면서도 크게 벌려 놓은 사업을 잘 마무리하시고 빈자리 없이 정리하시는 담대함이었습니다. 내외로 큰 살림을 지켜오면서 팔순을 맞으신 회장님, 존경하고 사랑합니다. 우리 대녀들의 신앙인으로서의 대모요, 이 시대의 진정한 애국자임을 인정합니다.

향원익청(香遠益淸), 42×51cm

지금도 생생합니다. 자모회 기금 모을 때 장갑, 떡국 떡, 기름 판매를 직접 자전거 타고 다니면서 배달하던 모습, 제주도나 여행지에 놀러가서도 서울 명동성당 노인대학에서 배우신 것을 활용하시어 율동하면서 재미있게 열정적인 레크레이션 강사로서의 모습도 보여주셨고, 잠시도그냥 천천히 걷는 것이 아니라 이곳저곳 활기차게 뛰어다니셨던 모습과 항상 웃는 모습. 삶에 긍정적인 마인드를 갖고 계신 회장님!

가을의 풍경, 41×35cm

60대에 그 어렵다는 창(唱)을 습득하시어 민요 판도 내고 색소폰을 배우셔서 우리 마을인 진천에 해마다 떡과 음료수, 다과와 과일을 준비해 오셔서 공연까지 해주시고, 마을 어르신 열다섯 분을 모시고 인천 제부도 을왕리 갔을 때 아름다운 절벽카페에서 빵과 커피를 사주시며 반갑게 맞아주시는 회장님을 본보기로 삼아 '사람은 추억을 먹고 산다'고 저희도 건강이 허락될 때까지 봉사하기로 했습니다.

저도 60세에 시골로 이사 와서 벌써 10여 년이 지나 70을 넘겼습니다. 회장님을 본받아 승용차가 아닌 버스를 타고 다니거나 걸어다니면서 봉사하는 것을 주위 사람들이 보고 협조자가 생기기도 했답니다. 부녀회장, 시민기자, 바리스타 봉사, 성당 반장, 레지오 단장 및 부회장을 맡아 열심히 봉사의 삶을 살고 있습니다. 즐겁기도 하고 보람되기에 그래서 더욱 회장님과 인연을 맺어주신 하느님께 감사드립니다. 이런 시간이 오래오래 지속되었으면 합니다.

회장님, 지금처럼 건강하시고 우리 대녀들과 항시 함께해요.

사랑합니다!!

차례

춘색여미인(春色如美人), 35×40cm

칠월 향기, 52×70cm

제2부. 아이들과 새로운 시간 속으로

포도(葡萄), 170×37cm

차례

제3부. 풍남, 우리의 찬란했던 시절

평안장수(平安長壽), 34×36cm

제4부. 나의 아이들

청향(清香), 34×39cm

제5부. 나의 색다른 달란트, 그림과 음악

그리움, 34×34cm

제6부. 내 신앙의 발자취

평화(平和), 33×34cm

삼봉도 소견(三峯島 所見), 52×70cm

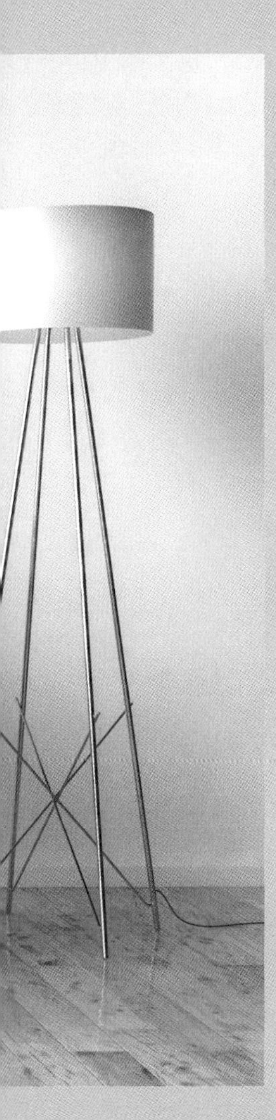

제 1 부

인생 반려자 남편을 떠나보내고

준비 없는 이별

하늘에 필요한 사람

풍남기계를 떠나보내다

밤에 운전을 할 때면 생각나는 사람

남편이 떠난 후의 일기들

홀로 서기 위한 긴장된 삶

진취적인 삶과 미래를 향하여

추모 에세이 출간

24일간의 크루즈 홀로 여행

준비 없는 이별

남편은 1984년 공장장으로 있던 세일기계를 그만두고 풍남기계를 창업했다. 성실과 신용을 바탕으로 착실하게 자리를 잡아가다가 금성중기의 협력업체가 되면서 안정적인 성장을 계속했다. 그런 중에도 사세 확장을 위해 새로운 사업 아이템 발굴에 노력하다가 국내 최초로 제지 공정의 필수인 스크린 바스켓을 개발했다. 창립 15년 만에 CAE와 합작회사를 만들어 세계를 상대하는 국제적 기업으로 발돋움했다.

그만하면 사업가 박노광의 꿈은 어느 정도 실현된 셈이었다. 아직 오십 대였으니 더 큰 성장도 얼마든지 가능했다. 이제는 치열하게 달려온 삶의 과실을 누려봐도 될 때였다.

남편은 CAE와 합작한 이듬해 2002년에 처음 골프를 시작했다. 술 좋아하는 것 말고는 일 외의 개인적인 취미생활에는 일절 관심 없던 남편이 그즈음에 이르러서야 마음에 여유를 조금 갖게 된 것이다.

장가계 소견(張家界 所見), 70×42cm

항시 내 곁에 꼭 있어야만 했던 나의 분신, 그립습니다!

하지만 하늘은 야속했다. 본인과 가족 누구도 모르고 있었지만 그 무렵에 서서히 병마의 씨앗이 그의 몸 안에 자라나고 있었다. 남편은 2002년 한해에만 외국 출장을 여덟 번이나 다녔다. 그 와중에 체중이 10킬로나 빠진 것을 남편은 다이어트가 성공한 것이라며 물색없이 좋아라 했다.

마지막 부부동반 여행이 된 그해 12월 이집트에서의 어느 저녁, 석양에 비친 남편의 옆얼굴이 유난히 황색으로 보였다.

그것이 무엇을 뜻하는지 그때는 당연히 짐작조차 하지 못했다. 그럼에도 평소와 달리 너무도 지쳐 보이는 기색이어서 나도 모르게 문득 자전거로 통의동 골목을 누비던 젊은 날 그의 씩씩하던 모습을 떠올렸었다.

남편은 2002년 12월에 대장암 선고를 받았다. 진단이 확정되었을 때

부귀옥당(富貴玉堂), 70×135cm

이미 말기여서 약조차 쓸 수 없었다. 혹시나 하는 마음으로 찾아가 재진단을 받은 큰 병원에서는 주요 장기에 전부 암이 전이되었다면서 조만간 혼수상태가 될 것이라고 최종 확인을 해주었다. 아득한 절망감이 밀려 왔다.

검사 결과를 사실대로 전하지 못한 채 조용히 움직이고 있는 나를 바라보던 남편은 무엇인가 짐작했는지 애써 미소 지으면서 말했다.

"여보, 난 괜찮아요. 난 행복하게 살았어요. 당신한테 더 잘해주지 못한 것이 제일 죄송해요."

남편의 투병 기간은 짧았다. 고작 한 달여 민간요법을 비롯해 온갖 치료에 매달렸으나 남편의 상태는 호전되지 않았다.

생이 얼마 안 남았다는 것을 받아들인 남편은 떠나갈 준비를 했다. 먼저 외국에 공부하러 나가 있던 큰딸을 들어오게 했다. 민선이는 그때 오리건

청향(淸香), 34×34cm

주립대학 대학원에서 MBA 과정을 끝내가고 있었다. 남편은 민선이가 귀국하자 회사 대표에 앉히고는 하나하나 일을 가르쳤다. 그리고 회계사를 불러 집안의 재산목록을 작성하고 상속에 관한 법적 처리까지 끝냈다.

그렇게 생을 정리해가면서도 남편은 평상심을 잃지 않았다. 회사 직원이나 지인들이 집에 문병을 오면 "술상을 차려 주라" 하고는 자신은 함께 하지 못하고 누워만 있으면서도 사람들이 대화하는 모습을 흐뭇하게 바라보았다. 간간이 미소까지 지으며 이런저런 옛날이야기를 들려주기도 했다.

남편이 아직은 몸을 움직일 수 있던 어느 날, 우리는 아랫집 동생네 부부와 함께 모처럼 바람을 쐬러 강화에 갔다. 강화에 도착하니 우연하게도 '강화추모원'이라는 플래카드가 바람에 펄럭이는 것이 보였다. 우리는 겸사겸사 추모원에 올라가 보았다. 추모원은 평지에서 그렇게 많이 올라가지 않았고 시설도 괜찮아 보였다.

우리는 그 몇 해 전 경춘선 대성리역 근처에 납골묘 하나를 사 놓았었다. 무려 84기가 들어가는 것이었는데 아직 미완성이어서 계약금만 치르고 잔금은 안 치른 상태였다.

강화에 다녀온 후 점점 병색이 짙어가던 남편이 어느 날 불쑥 그곳에 대해 말했다.

"여보, 당신 거기 대성리 못 찾아오지요?"

내가 길눈이 어두운 걸 가리키는 말이었다.

남편의 입에서 묘 자리 이야기가 나오자 나는 뭐라 할 말이 없어 가만히 듣기만 했다. 그러자 남편이 말했다.

"당신 강화도 좋아하는데 강화추모원을 사요."

"대성리 사놓은 건 어떡하고요?"

"거긴 10% 손해 보면 해약이 가능해요. 당신은 강화를 좋아하잖아요. 강화로 사요."

가슴이 미어졌다.

성가병원에서 남편의 마지막 며칠을 보냈다.

특실이라 상당히 넓은데도 병실이 넘쳐 복도까지 가득 찼을 정도로 무수히 많은 사람들이 병문안을 왔다. 우리 때문에 병원 사람들이 진저리를 칠 정도였다.

사순절이 시작되는 '재의 수요일'이 되었다. 남편은 전날부터 이미 의식이 없는 상태였다. 가족들이 둘러앉아 임종경을 바치는 가운데 어느 순간 남편이 활짝 미소를 지어 보였다. 지극히 평화로운 미소였다. 그것이 사랑하는 가족들에게 그가 마지막으로 남겨준 선물이었다.

이윽고, 남편은 크게 한번 숨을 몰아쉬더니 조용히 눈을 감았다.

2003년 3월 4일 저녁 7시. 32주년 결혼기념일을 2주 앞둔 날이었다.

늦가을의 정취, 70×116cm

하늘에 필요한 사람

남편을 연수성당 영안실로 모셨다.

영정은 남편이 투병생활을 하던 중 제주도 별장에 요양하러 갔을 때 미리 골라둔 사진이었다. 남편 혼자 찍은 사진이 거의 없고, 정장을 입은 사진도 없어서 사진을 찾느라 애먹었다. 간신히 괜찮은 사진을 하나 골랐는데, 비록 잠바 차림이었지만 표정이 제일 잘 나온 사진이었다.

포토샵을 할 줄 아는 최베드로 씨 동생이 잠바를 양복으로 고치고 넥타이도 매어드리고 머리도 까만 머리로 수정하여 훌륭한 영정을 만들어냈다. 영정을 화원에 맡겨 국화로 장식했다.

짧은 3일장이라 문상객을 맞는 건 하루뿐이었다. 밤부터 조문객이 밀어닥치기 시작했다. 상을 차리는 건 성당에서 전문적으로 하는 자매님들이 맡아 주셨다.

회사 분들은 검은 양복에 검은 넥타이 정장 차림으로 장례식장 밖에서

부귀여의(富貴如意), 91×140cm

부터 쭉 횡대로 서서 길 안내를 했고, 주차관리에 식사 대접까지 일체를 담당했다.

화환이 100개쯤 되는 바람에 안을 채우다 못해 바깥에까지 길게 세워 길을 만들었다. 그 하루 동안 조문객이 어찌나 많았는지 송구하게도 조문객들은 일렬로 길게 서서 기다리다가 조문을 해야만 했다. 조문 온 남자분들이 가슴으로 울며 애통해하는 모습을 계속 보았다. 남편의 음덕이 곳곳에 넓게 퍼져 있었다는 걸 새삼 느꼈다.

가을의 정취, 34×34cm

다음 날 아침 출관을 위해 버스 두 대를 빌렸다. 해양기계에 다니는 대자가 고인이 평소에 타보고 싶어 하던 체어맨을 가져와 세용이가 영정을 들고 모셨다. 회사에 들러 현장에서부터 사무실까지 한 바퀴 돌면서 평소 고인의 체온이 남아 있는 회사 곳곳을 보여드렸다. 70명 넘는 회사 직원들이 남동공단 전체가 숙연하도록 오열을 터뜨렸다.

부평 화장터에서 남편을 화장했다. 나는 화장이 너무 싫었지만 납골묘는 평소 고인의 신념이었다.

나는 조그만 산을 사서 대대손손 손자 손녀에게 할아버지의 업적을 기렸으면 하는 계획을 세웠었다. 그런데 고인이 절대 안 된다며 완강히 고집을 피웠다. 국토도 좁고 손도 많이 가 자손을 괴롭히는 매장 문화는 이제 사라져야 한다는 게 남편의 말이었다.

화장을 마치고 강화추모원으로 갔다. 남편의 강권으로 돌아가시기 얼마 전에 사놓은 그곳이었다. 거기까지 따라와 주신 분들이 꽤 많았는데, 그날따라 비가 많이 와 사람들을 불편하게 했다. 그런데 희한하게, 그 후에도 고인의 행사 때는 늘 비가 왔다. 나는 그것을 하늘이 나와 함께 울어주는 것이라고 믿는다.

주여, 고인에게 영원한 안식을 주소서!

여기 국가에서 필요한 사람

사회에서 필요한 사람

이제 하늘에 필요한 사람 되다

남편의 납골묘에 적어넣은 비문이다.

남편의 평소의 삶을 여러 날 고민하여 만든 문장인데 사람들이 모두 이 비문에 감탄을 표했다. 추모원에서도 비문이 너무 좋다며 자기들이 이 비문을 사용해도 좋겠느냐고 물어보기까지 했다.

풍남기계를 떠나보내다

삼우제를 치르고 난 며칠 후, 멍한 상태로 사별의 아픔조차 추스르지 못하고 있을 때 회사에 날벼락 같은 소식이 날아들었다. 당시 우리 회사와 합작관계이던 AFT사에서 합작계약서의 한 구절을 내세우며 우리에게 주식을 양도하라고 통보해 온 것이다.

'주주가 죽거나 회사가 파산했을 때 주식을 양도한다'

합작계약을 할 때는 미처 살피지 못했던 조항이다.

풍남이 어떤 회사인가. 월급쟁이이던 남편이 사업에 대한 열망으로 마흔 살에 창업하여 갖은 고생 끝에 탄탄한 중견기업으로 키워낸 회사였다. 한 사내로서 남편의 열정과 자부심이 알알이 배어 있는 회사다. 나 역시 남편과 회사 이름을 함께 지으면서 창업을 준비하던 때부터 시작해 새 기계 하나를 들이고, 공장 부지를 알아보고, 합작문제를 고민하고 하는 회사의 모든 성장 과정에 한숨과 감격을 함께 해왔다.

박노광 시대 당시 우리 기억에 영원히 남을 풍남기계의 COEX 참가

AFT는 그런 우리 회사를 단서조항 하나를 빌미로 날름 삼키려 하고 있었다. 세상이 얼마나 비정한가를 새삼 느꼈다. 계약 절차에 꼼꼼하던 남편이 어떻게 그 조항은 인지하지 못했을까. 어쩌면 검토하기는 했으나 자신이 죽는다고 하는 '아주 특별한' 경우의 수다 보니 그저 의례적인 문구로 생각했을 수도 있다. 그런데 그 특별한 경우가 현실로 닥친 것이다.

남편의 뒤를 이어 대표이사에 취임해 있던 큰딸 민선이는 억울하다면서 싸워보자고 했다. 그러나 상황은 우리에게 유리하지 않았다. 이길 가능성도 희박한데 지루한 법적 다툼을 시작해야 한다는 것이 나는 내키지 않았다. 그렇다고 순순히 회사를 내주는 건 분하고 억울한 일이었다.

아무튼 최종 결정은 내가 내려야 했다. 민선이가 대표이사이고 남편의 오랜 동료들이 임원으로 있었지만 나의 의사가 우선일 수밖에 없었다.

추색만정(秋色滿情), 91×140cm

여보, 어찌하면 좋을까요?

내 옆에 남편이 없다는 것이 절감되었다. 남편이 살아있을 때는 가족 외식에 무엇을 먹을지, 아이들에게 용돈을 얼마나 줄지 등 일상의 사소한 문제까지 함께 의논해 결정했었다.

그러고 보면 회사 문제만이 아니라 이제는 집안의 모든 일에 내가 최종

결정권자였다. 시간이 흐르면 차츰 아이들에게 책임과 권한이 분산되겠지만 당장은 내가 집안의 가장이었다. 내가 판단하고, 내가 결정하고, 결과도 내가 전적으로 감수해야 했다. 남편이 나에게 어떤 짐을 남기고 갔는지를 나는 새삼스럽게 자각했다.

나는 오랜 고민 끝에 회사를 넘기는 쪽으로 마음을 정했다, 남편이 부재하는 우리 가족의 새로운 인생을 어수선한 법적 다툼으로 시작하고 싶지 않았다. 현실적 상황에 등 떠밀린 어쩔 수 없는 결정이었지만 나는 '새 술은 새 부대에'라고 애써 나 자신을 격려했다. 못내 아쉬워하면서 끝까지 싸워보고자 했던 민선이도 결국 내 뜻을 따랐다.

4월 15일에 공식적으로 회사 경영권을 넘겼다. 풍남을 창업한 지 만 19년 만이었다. 그날의 일기에 나는 '풍남기계가 막을 내렸다'라고 적었다. 그동안 몇 번의 경영 변화를 거치면서 회사 이름이 풍남스크린, 풍남CAE, 풍남AFT로 바뀌었지만 남편이나 나에게 영원히 남아 있을 이름은 풍남기계였다. 그리하여 남편과 풍남이 동시에 우리 곁을 떠났다. 한 사내 박노광의 시대가 그렇게 저물었다.

밤에 운전을 할 때면 생각나는 사람

작품 전시회나 작가모임 월례회의가 있을 때는 불가피하게 밤 운전을 하게 된다. 하루 종일 이 일 저 일 하다 보면 오후에는 에너지가 소진된다.

밤 운전을 하면서 귀갓길에는 어김없이 남편 생각에 가슴이 저려온다. 하루 종일 회사 업무에 시달리고 늦은 밤에는 거래처에 가기 위해 먼 지방까지 밤 운전을 혼자 하면서 내비게이션도 없었고 가로등조차 없는 지방도로를 달려 새벽녘에 도착하여 몇 군데의 거래처를 다니며 일을 보고 집으로 올라오는 그 사람, '얼마나 힘들고 졸렸을까'를 생각하니 가슴이 아프다. 사장이 무엇이며, 가장은 무엇인지…….

가정과 회사를 지켜내기 위해 온갖 생각과 육체적 고통을 감내한 그 사람! 지금 생각하니 그 과로가 쌓이고 쌓여 생명에 지장이 왔던 것이다.

그 희생이 헛되지 않기 위해 나는 늘 힘껏 그 사람이 없는 자리를 마저 채우기 위해 노력하며 조심스럽게, 하지만 강한 가족력으로 한 걸음 한 걸음 기적을 일궈내고 있다.

춘색여일, 138×84cm

남편이 떠난 후의 일기들

CAE 관계자와의 선물교환

남편을 보내고 열흘쯤 지나 일기 쓰기를 다시 시작했다.

나는 평생 일기를 써왔다. 어릴 때부터 기록하는 것이 몸에 배어 있어 일기 말고도 늘 수첩을 갖고 다니면서 누구와 밥 먹고 누구와 어떤 통화를 했는지 등 온갖 이야기를 다 적었다. 하다못해 남에게 재미있는 유머 하나만 들어도 나중에 써먹을 생각으로 곧바로 수첩을 꺼냈다.

기록은 나에게 단지 습관 이상의 숨쉬기와 같은 본능이었다. 크고 작은 일들을 빠짐없이 기록해 두면 생활에 빈틈이 생기지 않고 인간관계에도 도움이 되기에 나는 '적자생존'이라는 우스갯말로 주변에 권하기도 했다. 기억을 못 하면 적기라도 하라는 말이다.

남편이 떠나자 아무것도 쓸 수 없었다. 생전 처음인 일들을 치르느라 정신이 없었고 시간도 없었다. 그러다가 모처럼 펜을 잡은 건 그날이 결혼기념일이었기 때문일 것이다. 나 혼자 맞이한 첫 결혼기념일이었다. 우리 일을 알 리 없는 풀리잼에서는 32주년 결혼기념일을 축하한다면서 축하 케이크와 꽃바구니를 보내오기도 했다.

다시 찾아본 그날 일기에 이런 말들이 적혀 있다.

'이만해도 여유가 생긴 것일까? 아니면 더욱 그 사람이 그리워서일까?

하일(夏日), 34×34cm

투병 생활을 하면서 간호할 때는 몸이 고달프고 짜증도 났지만 그래도 행복했다. 옆에 있으니까. 누워 있어도 좋으니까 오래오래 가족 곁에 있어 주기만을 그토록 감원하였건만……'

며칠 후 19일 일기에는 이렇게 적혀 있다.

'여보, 갑자기 생각해 보니, 당신 사망선고를 토요일 날 세용이와 함께 가서 하고는 세용이 도장과 묘지 안장 확인서를 안 가지고 온 것 같아 동사무소에 전화하니 없다고 하더군요.

이렇게 정신이 없어서야 앞으로 어떻게 살아갈지, 당신의 빈자리가 왜 이리 큰지. 문득문득 내 가슴을 저미는 슬픔에 앞으로 어떻게 견뎌 나가야 할지 걱정이 앞서는군요.

낮에는 어떻게 지낸다 할지라도 저녁이면 당신이 작업실 문을 열며 "여보, 나 왔어요" 하고 들어오실 것만 같아요. 여보, 그런 당신을 나는 왜 그리 쌀쌀맞게 대했는지.

산 사람은 산다는 거, 그 말 뜻을 이제야 알 것 같아요. 그 산다는 것이 얼마나 많은 괴로움과 고통을 이기며 죽지 못해 살아야 되는지 이제는 알 것 같아요.'

또 며칠 후에는 이렇게 쓰고 있다.

'여보, 오늘 학원에 갔다 오면서 사물을 보는데 눈에 들어오는 게 없었어요. 마음이 슬프고 저리면서 나에게는 이제 행복이란 단어는 영영 오지 않을 거라고. 당신이 안 계신 행복이 어디 있겠습니까.'

일 년이 지나 남편의 첫 기일이 되었을 때도 내 마음은 남편을 보내지 못하고 있었다.

제주도 억새밭에서(2001.11)

여보, 당신 많은 분들 만나보셨지요?

눈이 잠시에 그렇게 많이 내리고 천둥 번개까지 동반하였어요.

오신 분들이 영원히 가슴에 남을 겁니다.

여보, 당신뿐이 아닙니다.

저도 이렇게 살아는 있지만 당신 못지않게 가슴을 적시고 삽니다.

차라리 당신 곁으로 가고 싶습니다. 가면 만날 수 있겠지요.

아이들도 내색은 안 하지만 아빠 생각이 얼마나 나겠어요.

여보, 아이들 잘 지켜주세요.

- 2004년 3월 4일

이것이 남편을 보낸 후의 내 심경이었다. 거의 모든 날의 일기가 "여보" 하는 말로 시작되었다. 매일 매 순간 남편이 내 옆에 없음을 실감했고, 도저히 살아갈 수 없을 것만 같은 시간을 꾸역꾸역 견디며 지냈다.

세한효경(歲寒曉景),
70×38cm

홀로 서기 위한 긴장된 삶

어떤 문제든 나 혼자 결정해야 한다는 압박감과 긴장감으로 걱정이 태산이다. 함께 의논하고, 함께 결정하고……. 늘 합리적으로 업무 처리를 지독히도(?) 완벽하게 처리해내던 남편이 떠나간 그 자리를 채우고 홀로 서기란 결코 쉬운 일이 아니었다.

자녀들과 의논할 일도 있고, 나 혼자 결정할 일도 있다. 남편이 떠나고 난 어느 순간부터 어떤 과제에 부딪히면 절실하게 기도부터 드리게 되었다. 그리고 시댁과의 관계, 친정과의 관계, 이웃과의 관계, 사회적인 관계에서는 나도 모르는 사이에 더욱 신중을 기하게 되었다.

남편이 계실 때에는 수입이 있었지만, 이제는 지출만 해야 되는 입장이 되니 모든 일에 신중을 기하지 않을 수가 없다. 살얼음판에 서 있다는 정신으로 반드시 강인한 자녀들과 함께 멋지게 다시 홀로서기에 성공해야 한다는 다짐을 하고 또 하는 긴장 속의 하루하루가 이어지고 있다.

진취적인 삶과 미래를 향하여

자녀들과의 소통은 원활하게 잘 되어갔다. 엄마의 의견을 존중하고 잘 따라주었다. 나에게도 자존감이 생겼다. 방향 제시를 해주노라면 적중이 잘 되었다. 우리 가족은 자신감과 용기를 가지고 진취적인 계획성과 추진력으로 한 걸음 한 걸음 나아가기로 했다.

너무 큰 것 바라지 말고 하나하나 작은 것부터 노력해서 얻어지는 결과에 집중하기로 했다. 지금도 어떤 일이나 크고 작은 문제라도 가족이 함께 머리를 맞대고 의논하여 합일점을 찾는다. 그렇게 유도하니 잃어버리는 일은 없는 것 같다.

생존(生存), 34×33cm

추모 에세이 출간

시간이 약이었다. 남편을 보내고 1년쯤 지나자 미칠 듯한 그리움과 외로움은 조금씩 가라앉았다. 따라 죽을 것이 아닌 다음에야 어떻게든 새 마음으로 살아가야 하지 않겠는가. 무엇보다 나에게는 아직 시집 장가도 가지 않은 자식이 셋이나 있었다.

그 무렵 남편에 대한 그리움을 한 권의 책으로 정리하고 싶다는 마음이 들었다. 남편이 어떤 사람이었는지, 단지 나에게만이 아니라 그와 연 맺은 지인들과 이 사회에 얼마나 소중했던 존재인지를 세상에 남기고 싶었다.

남은 이가 망자에 집착하면 망자도 세상에 떠돈다 했다. 그를 가볍게 보내주기 위한 내 마음의 사십구제로 우리의 이야기를 썼다.

홀로서기 시작을 위해 어렵사리 남편을 보내 드리기로 했다.

일 년여 준비하여 2005년 5월에 책을 출판했다. 슬픈 마음으로 시작한 글이었으나 막상 지난날들을 돌아보니 즐겁고 유쾌한 기억들이 참 많았다. 남편을 추모하는 에세이지만 비감한 제목을 붙이고 싶지는 않아 〈충청도 핫바지와 경기도 깍쟁이〉라고 상큼한 제목을 달았다. 우리의 연애와 결혼생활을 담았고, 풍남 창업에서 국제적 기업으로 성공하기까지 이야기, 그리고 처음 내보는 책이기에 가난했던 내 어린 날의 고생담도 추억으로 몇 페이지 넣었다.

추천사로는 소사본당의 이윤하 신부님, 앤벨류컨설팅의 염남수 대표님을 비롯해 풍남과 성당을 통해 인연 맺은 여러 지인들의 추모 글을 붙였고, 아빠를 기리는 우리 아이들의 회상 편지도 넣었다.

출판기념식은 최대한 성대하게 치렀다. 공식적으로 남편을 기리는 마지막 자리 아닌가. 게다가 그 책은, 네 번째 아이라고 하면 좀 과장된 표

부귀국색(富貴國色),
70×35cm

현이겠지만 나 혼자의 책이 아니라 남편과 내가 함께 출산한 책이었던 것이다.

출판기념식 장소는 인천 라마다 호텔이었다. 국내의 지인과 주거래처 분들, 거기에 외국에서 오신 분들까지 굵직한 손님만 250명을 초대했다.

기념식장에는 프랑스에서 꽃꽂이 공부를 하고 왔다는 전문 플로리스트를 모셔 식장 입구부터 실내 전체를 화사하게 장식했다. 거기에 그동안 그려온 내 그림들도 함께 전시해 축제 분위기가 나도록 했다.

식장 안내와 서빙은 대녀들에게 부탁했다. 오래 인연 맺어 온 대녀 30명이 핑크색 고운 한복을 입고 손님을 맞이했다. 오시는 분들이 즐거운 자리가 되도록 좋은 음식에다 정성껏 선물도 준비했다.

기념식은 미사로 시작해 두어 시간 진행되었다. 내가 바라던 대로 시종 엄숙하면서도 성스러운 분위기였다. 초대장을 보낸 분들은 한 사람도 빠짐없이 참석해 주셨는데 그날 오신 모든 분들이 감동을 하며 진심으로 기뻐해 주셨다.

출판기념회를 하고 나자 이제는 정말 남편을 보낼 수 있을 것 같았다. 보내야만 했다. 그에 대한 기억이야 영원히 내 마음에 있을 것이지만, 이제는 그를 마음에만 묻고 제대로 홀로서기를 시작해야 할 때였다.

24일간의 크루즈 홀로 여행

회상 에세이 출판기념회가 끝나자 기쁘면서도 허탈했다. 온 마음을 바친 일이었다. 글을 처음 시작할 때부터 원고를 마칠 때까지 온통 남편을 회상하며 살았다. 돌아볼수록 남편과 함께한 시절의 모든 순간들이 소중했다. 오래된 앨범을 뒤적이며 에세이집에 들어갈 사진을 추려낼 때는 남편과 나의 언약 반지를 만드는 것만 같은 기분이었다. 그래서 충분히 돈을 들여 정성스럽게 만들었고, 출판기념회도 한껏 성대하게 치렀다.

2년 가까이 집중했던 출판 일을 마무리 짓자 허전하면서도 뿌듯했다. 남편에게 나의 모든 것을 바쳐드린 것이었고, 남편에게 삶의 의미를 부여해 드린 것 같아 내 마음에 큰 위로가 되었다. 덕분에 홀가분하게 여행을 떠날 수 있게 되었다. 좀 쉬면서 마음 정리를 하시라고 아이들이 여행을 권했다. 페루에서 출발해 24일간 남미 5개국을 도는 크루즈 여행을 알아봐 주었다.

배로 그렇게 긴 여행을 한 적이 없어 처음엔 망설였다. 하지만 아이들의 적극적인 권유로 결국 여행을 신청했다. 남편과 사별한 후 슬픔에 가

라앉지 않으려고 일을 만들어가면서 전보다 더 바쁘게 살아왔다. 조용히 나를 돌아보는 홀로 여행도 필요할 것 같았다.

그동안 가족과 이런저런 해외여행을 많이 다녔지만 이때의 여행은 오직 나 자신을 위한 여행이었다. 나는 어차피 떠나는 여행 즐거운 시간을 보내자고 마음먹었다.

크루즈 여행은 밤마다 선상 파티가 열린다기에 몇 벌의 옷을 준비했다. 결혼할 때도 안 입어 본 드레스를 흰색, 검정, 보라 색색으로 세 벌이나 맞추었고, 자못 고전미가 넘치는 궁중한복도 한 벌 맞췄다. 파티가 열리면

희망(希望), 34×34cm

춤도 추게 될지 몰라 사교춤 잘하시는 분을 모셔 춤도 배웠다.

출발지인 페루에 도착하니 한국에서 온 승객은 모두 17명이었다. 나만 빼고는 모두 부부였다. 8쌍 부부 16명에 나 혼자 싱글이라 조금 어색했다. 배에 오르고 보니 외톨이인 게 더욱 실감났다. 세계 각국에서 온 수백 명 승객들 중에 나처럼 혼자 온 사람은 아무도 없는 것 같았다. '그래, 이런 여행을 누가 혼자 오겠나' 싶었다.

장기 여행을 위한 관광선인 만큼 배의 규모와 시설은 지상의 어느 리조

트 못지않게 훌륭했다. 한꺼번에 이천 명이 승선할 수 있는 규모에 종업원만 수백 명이었고, 최저층에서 갑판까지 8층이나 되어 배 전체가 작은 휴양지라 할 만했다.

그 웅장한 공간에 영화관, 골프 연습장, 찜질방, 게임방 등등 각종 편의시설이 갖춰져 있었다. 게다가 선상 파티를 비롯해 매일 다채로운 프로그램이 진행되었다.

시설도 프로그램도 완벽했지만 나는 늘 혼자였다. 외국인들은 말이 안 통하고, 한국인 부부들은 자기들끼리 부부동반으로 어울리느라 나에게 관심을 주지 않았다. 그런 게 아쉽지는 않았다. 떠들썩하게 유람하고 싶었다면 아이들과 동행했을 것이다. 조용한 휴식과 재충전이 필요했으므로 차라리 잘 되었다 싶었다.

혼자 움직이면서도 나는 준비해 간 옷들을 적극적으로 입었다. 아침에 선실에서 눈 뜨면 오늘은 어떤 드레스를 입을까, 소풍 가는 아이처럼 거울 앞에서 이 옷 저 옷 걸쳐 보았다. 그렇게 한껏 예쁘게 차려입고는 혼자 식당에 가고 혼자 갑판을 걸어 다녔다.

다른 승객들도 저마다 정장으로 잘 차려입기는 했으나 드레스 차림은 별로 없었다. 한국에서 온 사람들은 드레스가 아예 없었고 외국인 여자 중에 간혹 드레스 차림이 있었지만 그들도 파티할 때 말고는 보통 평상복을 입었다.

며칠 지나자 차츰 드레스 차림이 자연스러워졌다. 엷은 바람에 살랑살랑 나부끼는 드레스 차림으로 걷고 있으면 나도 모르게 몸동작에 기품이

서리는 듯했다.

프랑스에서 왔다던가 나이 지긋한 어떤 남자는 “원더풀!” 하고 엄지까지 치켜세우면서 드레스가 참 아름답다고 감탄하기도 했다.

여행은 그만하면 즐거웠다. 매일 바뀌는 음식은 다채로우면서 맛있었고, 종업원들은 말 한마디만 건네도 무릎을 꿇고 주문을 받는 등 최상의 예의를 갖춰 봉사했다.

기항지에 머물 때면 다양한 관광코스가 마련돼 있었다. 펭귄을 보러 버스를 타고 오래 이동하기도 했고, 브라질 리우데자네이루에서는 코르코바도 산 정상까지 올라가 브라질의 상징이자 랜드마크인 예수님 동상을 구경했다. 아르헨티나에서는 탱고의 나라답게 길거리 어디에서나 탱고 추는 사람들을 볼 수 있었다.

배에서는 갑판 끝에 혼자 서서 물끄러미 바다를 바라볼 때가 많았다. 저 멀리 수평선을 바라보고 있으면 남편 생각이 났다. 혼자 여행 온 것이 미안하다가, 일찍 떠나간 남편이 원망스럽기도 했다가, 마지막에는 늘 폭풍 같은 그리움이 밀려왔다.

‘지금 당신과 함께 있다면 얼마나 좋을까요’

불쑥불쑥 나도 모르게 중얼거리곤 했다. 씩씩하게 여행을 즐기고 있었지만 가슴 한 구석이 내내 허전한 것은 어쩔 수 없었다.

위해 일우, 41×52cm

하느님이 그런 내 마음을 알아준 것일까. 여행이 끝나갈 무렵 나는 이 여행의 가장 큰 추억이 될 잊지 못할 경험을 했다.

귀향하기 며칠 전이었다. 밤에 꿈을 꾸었는데 나 혼자 어느 바닷가를 걷고 있었다. 걷다가 어떤 남자를 만났다. 나는 남자와 인사를 나누고는 자연스럽게 그를 따라가게 되었다. 그러다가 작은 언덕을 넘어갔다. 언덕 아래 모래사장에 한 남자가 누워 있는 게 보였다.

누군데 이런 곳에 혼자 있지? 왠지 아는 사람일 것 같아 그쪽으로 다가갔다. 이윽고 남자의 얼굴이 보였는데, 아! 남편이었다. 나는 한달음에 언덕을 달려 내려갔다.

“여보, 당신이에요? 정말 당신 맞아요?”

“그래 나예요. 당신 오기를 기다렸어요.”

남편이 환히 웃으면서 팔을 벌렸다. 나는 남편의 품속으로 뛰어들었다. 남편이 나를 꼭 껴안았다. 남편의 품 안에서 한참을 울었다. 어떤 말도 필요 없었다. 아무 말도 나오지 않았다. 나를 안아주는 남편의 부드러운 손길만으로 한없이 편하고 행복했다. 남편도 나처럼 아무 말 없이 뜨거운

결실(結實), 34×34cm

눈물만 흘렸다. 우리는 서로 달래고 위로하며 오래오래 함께 울었다.

울다가 어느 순간 눈이 떠졌다. 눈을 떠 보니 침대였는데 덮고 자던 이불이 젖어 있었다. 꿈에서 펑펑 울면서 실제로도 운 모양이었다. 얼마나 울었는지 물이라도 쏟은 듯 이불이 흠씬 젖어 있었다.

사별 후 종종 남편 꿈을 꾸었다. 그러나 그날의 꿈처럼 생생했던 적은 없다. 지금도 그날을 떠올리면 꿈이 아니라 실제 만나고 온 것처럼 그때의 남편 목소리와 표정이 선히 기억난다.

여행 자체도 나쁘지 않았지만 남편을 상봉(?)한 것이야말로 이 여행의 가장 큰 기쁨이었다. 이제는 그만 슬퍼하라고 하느님께서 나에게 주신 귀한 선물이었다고 생각한다.

만향한취(滿香閑趣), 33×34cm

목련, 138×50cm

청하조어(淸夏釣魚), 46×57cm

제 2 부

아이들과 새로운 시간 속으로

자녀들과의 소통을 위하여
사업 구상에 몰두하는 아이들
시화공장 증축하며 임대업 확대
화성시에 오피스텔을 신축하다
아이들과의 첫 여행, 멕시코 칸쿤
둘째 딸 웨딩 촬영에 내가 주인공
모델 좀 해주시겠어요?
인공관절 수술을 받다
재활 치료 중에 갑자기 찾아온 우울증
골프 여행에서 위험에 처하다
인도네시아 발리에 와서
양쪽 사돈과의 여행
벨기에의 옛 거래처 지인과 해후
큰딸과 뮌헨을 걷다
부러움이 넘쳐난 영국과 프랑스 팔순기념 여행
아들의 특별한 효심
시어머니 닮은 며느리
장인을 빼닮은 사위
손주들 자랑 좀 하겠습니다!
가족 총출동, 춘천 산토리니 여행
재선이의 거듭된 시련
당신이 떠나고 22년 우리의 삶

내 삶의 원동력이 된 삼남매(좌로부터 첫째 민선, 둘째 재선, 셋째 세용)

제2부. 아이들과 새로운 시간 속으로

자녀들과의 소통을 위하여

젊은 애들은 활기차고 자신감 넘치는 힘과 용기를 갖고 있다. 돌다리도 두드려보고 건너야 한다는 식의 말은 비중 있게 생각하지 않는 듯하다. 모든 것이 걱정이고, 버겁고, 겁이 났다.

어떤 과제를 내놓을까?

이런저런 두려움에 마음을 움츠리며 나름의 방식으로 대비해본다. 지인들의 말씀에도 귀를 기울여보고, 베스트셀러 책도 사보면서 연구를 해본다. 아이들이 과제를 가져오면 그 자리에서 즉각적으로 판단을 내리지 않는다. "그래, 괜찮겠다. 잘 알아보아라. 전문가를 한 번 더 찾아가봐라" 등등의 말로 부드럽게 대해 준다. 그리고나서 혼자 고민과 걱정에 휩싸이곤 한다.

날이 갈수록 준비가 완료되고 있는 것을 보면 걱정이 커지고, 고인인 남편에게도 물어보고 기도를 드리면서 밤마다 눈물로 삼킨다. 시간이 가면서 이런저런 경우를 들어 설득하면 다행히 알아듣고 접곤 하였다.

사업 구상에 몰두하는 아이들

남편이 떠난 후 나보다는 아이들 진로에 여러 변화가 있었다. 나야 기본 직업이 가정주부였으니 남편이 없다고 해도 생활의 큰 틀에서는 달라질 것이 없었다. 하지만 아이들은 풍남이 없어짐으로 해서 회사를 염두에 두었던 삶에 변화가 생길 수밖에 없었다.

우선 큰딸 민선이는 몇 달에 불과한 풍남 대표이사를 그만두고 나자 당장 할 일이 없었다. 어릴 때부터 경영에 뜻을 품고 미국에서 MBA까지 마친 아이였으므로 상실감이 누구보다 컸다.

풍남의 설계실에 근무하고 있던 둘째 재선이는 졸지에 백수가 되었다. 세용이는 아직 대학생이어서 당장 진로 변화는 없었지만 졸업 후 경영수업을 할 회사가 없어짐으로 해서 자기만의 새로운 미래를 개척해야 했다.

민선이는 한동안 요리학원에 다녔다. 내가 권유한 일이었는데 민선이는 다행히 요리에 전념하면서 나름 재미를 느끼고 허탈했던 심사도 추슬러가는 것 같았다. 재선이는 실업자가 된 김에 벌써부터 생각하고 있던 경영대학원에 들어가기 위해 강남 학원에서 미국 대학원 수능시험을 준비했다. 그리고 얼마 후에는 세용이도 졸업해 사회인이 되었다.

그렇게 각자의 자리를 준비하면서 상속과 명의이전 등 아버지 떠난 후의 재산정리 절차를 밟았다. 큰딸은 변호사와 세무사, 법무사를 선임하여 법에 어긋나지 않게 빈틈없이 정리하여 세금을 아낌없이 내었다.

고인도 평소에 '나라의 세금은 많이 내야 나라가 부강한다'는 굳은 신념을 가졌었다. 우리 가족은 고인의 뜻을 받들었다.

인생 여정, 30×41cm

득선(得禪), 70×40cm

나는 처음부터 아이들에게 깊이 당부한 것이 있다.

"나중엔 이 재산이 너희들에게 나뉘겠지만 이건 너희가 번 돈이 아니다. 부모가 한 생을 바쳐 이룬 것이고, 아빠가 필생의 노력으로 남기고 간 유산이다. 돈 이전에 아빠의 영혼이라 생각하며 귀히 여겨야 한다" 고.

우리 아이들은 애초에 사치나 허영과는 거리가 멀었다. 회사 규모가 커진 것도 사업 중·후반기에 이르러서였고 대부분의 자산이 회사의 재투자에 들어갔기 때문에 돈을 넉넉히 쓰며 자라지도 않았다. 그럼에도 행여 젊은 마음에 과욕을 부리지나 않을까 미리 경계한 것인데 다행히 아이들은 내 말을 흘려듣지 않았다. 나의 충고 아니라도 부모 대에 형성된 집안 재산을 자기들이 함부로 건드리면 안 된다는 마음을 갖고 있었다.

미래를 논의하면서 우리 가족은 무슨 사업을 벌이든 뭔가를 팔아서 시작하는 건 가급적 없게 하기로 했다. 그리고 어떤 일이든 가족 모두가 동의해야만 하는 것을 원칙으로 세웠다.

이건 무슨 회의를 통해 정한 게 아니라 우리 모두가 같은 마음이어서 은연중에 형성된 집안 규율이었다. 지금도 우리는 집안 전체와 관련된 일에서는 가족 모두가 동의해야만 일을 진행 시킨다.

재선이가 미국 유학에서 돌아오고 세용이도 졸업한 즈음부터 아이들은 가족 사업으로 추진할 만한 여러 아이디어를 내놓았다. 자기들 나름대로 파악한 사회 흐름과 정보를 토대로 구체적인 사업안을 제시하기 시작한 것이다.

이때부터 나의 마음고생이 시작되었다.

아이들이 의욕을 갖고 이것저것 알아보는 건 반가웠다. 그때마다 모여서 의논을 하게 되니 집안에 새로운 활기도 생겼다. 또 사업 구상이라는 게 시대와 사회를 통찰해야 하는 일이기에 아이들 서로간에 견문을 틔워준다는 생각도 들었다. 그래서 나는 아이들이 어떤 이야기를 꺼내든 늘 진지하게 경청했다.

나는 쉽게 수긍되지 않는 제안이 나와도 엄마 권위를 앞세우지 않았다. 나뿐만 아니라 아이들 간에도 형제의 서열로 발언이 무시되지 않도록 했다.

그런데 내 입장에서는 솔직히 매사 조심스럽기만 했다. 내 성격이 소극적인 성향은 아닌데도 아이들 말을 듣다 보면 나도 모르게 보수적인 시선을 갖게 되곤 했다. 가능성보다는 안 되는 쪽을 먼저 생각하는 것이다. 살아온 경험을 통해 아이들이 미처 생각지 못하는 걸 보는 것도 있지만, 지레 몸부터 사리는 면도 분명 있었다.

가장이기 때문이었다. 주머니를 여는 최종 결재권자이기 때문이었다. 될 가능성이 7할을 넘으면 보통의 사업가는 일을 추진할지 모른다. 남편도 평생 불가능해 보이는 일에 도전해 온 사람이었다. 하지만 나는 그럴 수 없었다. 99% 확실해도 1% 위험이 먼저 신경 쓰였다.

아이들이 구상한 사업 아이템은 다양했다. 장례식장 운영, 고속도로 휴게소 인수, 폐기물처리 사업 등등 전에는 우리의 일이 될 거라고 한 번도 생각해 보지 않은 참 다양한 아이디어를 제시했다. 이런 게 있다더라 가볍게 꺼내는 말도 있었고 자료를 근거로 제법 세세한 기획안을 만들어 오기도 했다.

아이들과 대화하고 나면 나도 공부를 해야 했다. 지지를 하든 제동을

녹죽청청(綠竹靑靑), 34×33cm

걸든 나도 근거가 있어야 할 것 아닌가. 좋은 것 같으네, 뭔가 마음에 안 드네, 집안의 중대사인데 그렇게 대강의 감만 얘기할 순 없는 것이다.

아이들에게 무슨 말 하나를 들을 때마다 나는 그것과 관련된 책을 사 읽고, 인터넷을 검색하고, 나대로의 인맥으로 여러 정보를 채집했다.

사업 공부는 그것대로 재미있었다. 원래부터 공부라면 무조건 좋아했으며 관심을 한번 가지면 끈질기게 파고드는 성격이다. 아이들에게 설득

자등춘일(紫藤春日),
135×64cm

력 있게 내 견해를 말해야 하니 그 어느 때보다 사안 하나 하나를 꼼꼼하게 들여다보았다.

장례식장 운영에 대해 공부하게 되면 장례사업의 시장 규모를 비롯해 장례에 필요한 기본 시설, 허가 요건, 우리나라의 일반적인 장례 풍습이나 사망률 같은 걸 기본적으로 파악하게 된다. 한데 그러다 보면 장례사업과는 직접 관련이 없는 것에도 이리저리 관심이 흘렀다. 연관어를 따라 온갖 것에 눈길이 가는 것이다. 신생아 탄생률, 염 문화의 기원, 피라미드 역사, 신랑 신부 폐백의 의미…… '아이고 내가 이런 걸 왜 공부하고 있지?' 아무튼 공부 자체로는 유익한 경험이었다.

그럼에도 솔직히 말하면 아이들이 뭐 하나 새로운 구상을 말할 때마다 그 분야를 공부하느라 머리에 쥐가 났다. 매번 숙제 하나를 받아드는 기분이었다.

아이들이 꺼낸 이야기 중 가장 고민했던 건 영화관 사업을 들고 왔을 때였다. 당시는 우리나라에 단관 영화관이 쇠퇴하고 멀티플렉스 영화관이 도입되던 시기였다. 대기업까지 진출해 CGV, 메가박스, 롯데시네마 같은 영화관 체인들이 등장하고 지방에도 여기저기 소규모 멀티플렉스 영화관들이 생겨나고 있었다.

아이들은 지방의 군소 멀티플렉스 영화관 하나를 인수하고 싶어했다. 시대의 흐름에 맞는 사업 같기는 했다. 하지만 나로서는 전혀 생소한 사업이다. 무엇보다 그 일은 그때까지 나온 아이템과는 달리 대출만 좀 받아서 시작할 수 있는 일이 아니라 공장이든 무엇이든 큰 거 하나를 팔아야만 가능했다.

나는 뭔가를 팔아서 시작한다는 점이 내키지 않았다. 사업성 이전에 본능적으로 노파심이 앞섰다. 반면 아이들은 그 어느 때보다 의욕적인 모습을 보였다.

나는 처음부터 반대 쪽으로 마음이 기울었지만 그럴수록 신중해야만 했다. 그 일로 주변에 많은 조언을 구하고 아이들과도 많은 대화를 나누었다. 결국 그 일도 다른 아이템과 마찬가지로 검토만 하다 포기하였다. 나중에 들으니 그 영화관은 대기업의 체인 영화관에 밀려 운영을 접었다고 한다. 이런저런 새로운 사업 구상에 고민하고 염려했던 3년여의 기간은 내게 있어 가장 힘든 시기였다.

오상고절(傲霜高節), 36×34cm

시화공장 증축하며 임대업 확대

가족 사업으로 처음 시작한 일은 시화공장 증축이었다. 앞에서 말했지만 한동안은 아이들과 함께 여러 가지 새로운 사업을 구상했다. 그러다가 어느 순간 우리의 초심을 생각했다. 돈을 많이 벌어 더 큰 부자가 되는 것보다 남편의 유산을 알뜰히 지키는 게 우선이었다. 그리고 무엇보다 중요한 건 가족의 화목이었다.

아이들과 의논한 끝에 무리하게 새 사업 벌이지 말고 기존의 임대 세수부터 늘리자고 결정했다. 아이들은 들뜬 기분으로 사업을 모색하던 시기를 보내고 난 후 많이 차분해져 있었다.

시화공장 부지는 남편이 살아계실 때 향후 공장이 확대될 것을 예상해 마련해 둔 곳이었다. 회사가 계속 성장했다면 우리 공장이 들어섰을 것이다. 그런데 남편이 떠나고 풍남까지 보내고 나자 남들에게 임대만 준 채로 관리되고 있었다.

공장 부지는 3천 평 규모였다. 기존에 올렸던 공장 건물 주변으로 땅이 넓었다. 사업확장에 따라 언제든 증축할 수 있도록 충분한 여유 공간을 확보해 두었던 것이다.

8차선 도로변으로 위치가 좋아 임대도 잘 되던 곳이다. 한번 들어오면 나가는 세입자가 별로 없어 그동안에도 공실이 거의 없이 유지돼왔다. 임대 목적으로 지은 건물이 아닌데 풍남을 정리하고 난 후 별다른 수입 없이 지내던 우리 생활에 안정적인 수입원이 돼 주고 있었다.

시화공장은 천여 평 넓이의 기역자 건물이었다. 그 건물의 한쪽 면을 길게 늘여 디귿자형으로 만드는 증축 공사에 들어갔다. 공사는 남편이 살아생전에 형 아우로 가깝게 지내던 해창종합건설 손창재 사장님에게 맡겼다.

청향(淸香), 29×37cm

자자손손 평안도(子子孫孫 平安圖), 42.5×53cm

공사 완공까지 8개월 가량 걸렸다. 디근자로 증축하고 나니 건물 모양도 전체적으로 훨씬 안정감이 있어 보였다. 부지가 워낙 넓었으므로 증축하고 나서도 여전히 건물 주변으로 여유 공간이 많았다. 기다란 트럭이 원을 그리며 돌아나갈 수 있을 정도여서 들고나는 차량이 많은 업체에는 제격이었다.

증축까지 해서 완공된 건물은 총 3개 동에 30평에서 320평까지 모두

15개 호실이었다. 이제 문제는 새 입주자를 들이는 일이었다. 임대가 잘 되던 곳이라 증축을 결정할 때부터 공실 걱정은 하지 않았는데 막상 완공되고 보니 슬며시 걱정이 되었다.

아이들 아빠 돌아가시고 난 후 우리끼리 결정한 최초의 경제활동이었다. 이 일이 잘 되어야 아이들도 자신감이 붙을 것이다. 내가 마음이 급해선가 좀처럼 임대 문의가 들어오지 않아 몹시 신경 쓰였다. 그러나 역시 목이 좋은 곳이다 보니 얼마 지나지 않아 하나둘 세입자가 들어오기 시작했고 석 달을 넘기지 않고 공실을 모두 채웠다.

그 무렵의 기록을 찾아보니 홀가분한 마음으로 수첩에 이렇게 적어두었다.

'시화공단 계약. 하느님께 감사드립니다.
그렇게도 애를 태우며 기다렸는데 하루 새에 계약을 다 하게 되니 기뻤다.
이것저것 꼬여서 1년여 힘들었던 멍에가 해소되는 것 같다.
정말 감사합니다'

그 후로도 화성에 오피스텔을 신축하는 등 인천을 비롯 몇 군데 건물에서 임대사업을 해오고 있다. 임대업은 다른 사업에 비하면 위험 부담이 적지만 그렇다고 땅 짚고 헤엄치는 것 같은 만만한 일은 아니다. 공실을 다 채운다고 일이 끝난 게 아니다. 일은 그때부터 시작된다.

집 전세 하나만 주어도 세입자와 이런저런 갈등을 겪기 일쑤다. 수십 명의 세입자들 요구를 맞춰주고 그때그때 온갖 다양한 갈등을 처리하는 게 쉬운 일이 아니다. 가만 앉아서 매달 통장에 입금되는 돈만 확인하면 되는 일이 아닌 것이다.

다행히 입주자 관리를 맡고 있는 큰딸 민선이가 아버지를 닮아 꼼꼼한 성격에다 사람을 상대하는 수완도 있는 편이다. 그래서 적어도 지금까지는 큰 탈 없이 잘해오고 있다.

부귀길상(富貴吉祥), 28×39cm

화성시에 오피스텔을 신축하다

화성시 오피스텔(풍남오피스텔)

남편이 오래전에 사 놓았던 대지가 있었다. 그곳은 화성시로 승격하면서 신도시가 들어섰다. 아이들과 의논하여 건물 신축을 하기로 하였다. 설계는 서울 논현동에 있는 사무소에 맡기고, 평소 남편과 형님 아우하던 해창건설에 건설을 맡기기로 하였다.

건축 기간 동안 아무런 어려움 없이 순조롭게 공사가 진행되었다. 지하 3층, 지상 5층으로 오피스텔을 지었다. 무사히 완공을 하여 지금까지 효자 노릇을 톡톡히 해내고 있다.

이곳에 큰딸이 1층 상가에 CU편의점을 오픈하여 경영하고 있다. 항시 겸허한 마음으로 감사의 기도로 보답하고 있다.

대한민국미술대전(國展)
특선 수상작

황금환(黃金丸), 203×69cm

아이들과의 첫 여행, 멕시코 칸쿤

둘째 딸 재선이의 결혼 날짜가 정해지자 마음이 싱숭생숭했다. 맏이 민선이가 미혼이라 우리 집 세 자녀 중에서는 첫 결혼이었다. 재선이가 결혼하고 나면 막내 세용이가 기다리고 있었다. 나에게 손주를 안겨드리겠노라 약속한 세용이는 집에 여자를 데려와 인사시킨 후 달콤한 연애 시절을 보내면서 결혼 날짜를 조율하고 있었다. 작은누나가 결혼하고 나면 바로 날짜를 잡기로 했다.

남편 없이 나 혼자 사돈네와 상견례를 하고 혼수를 마련하는 등 결혼 준비를 하고 있으니 마음이 허전했다. 기쁜 마음으로 치르는 일이면서도 마음 한구석이 쓸쓸한 건 어쩔 수 없었다. 조만간 자식 두 명을 떠나보내고 나면 이 큰집에 큰딸과 나 둘만 남겠구나.

아이들이 출가하기 전에 가족여행을 하고 싶다는 생각이 들었다. 남편

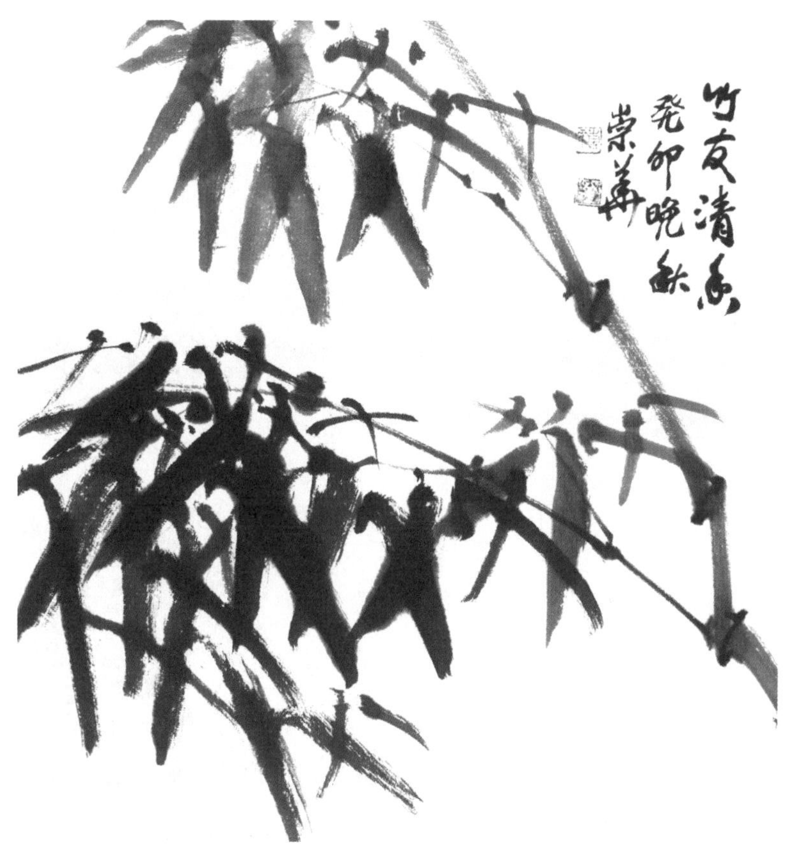

죽우청향(竹友清香), 34×33cm

살아생전에는 일 년에 몇 번씩 가족여행을 다녔다. 그러나 남편이 떠난 후론 그럴 마음의 여유가 없었다. 아이들이 시집 장가로 자기들만의 가정을 꾸리게 되면 앞으로는 더 그럴 기회가 없을 것 같았다.

내 말에 아이들은 적극 찬성했다. 세용이는 한창 사귀고 있는 여자친구도 동행하고 싶어 했다. 나는 우리끼리만 다녀오자고 했다. 사위도 며느리도 앞으론 다 가족이 되겠지만 이번 여행은 박노광·김창례 집안만의 추

춘일조어(春日釣魚), 70×116cm

억여행이자 '단합대회'로 남기고 싶었다. 세용이는 좀 아쉬워하면서도 내 말에 따라주었다.

그러면 '자, 어디로 갈까?' 아이들은 즐거워하며 여행 코스와 일정을 짜기 시작했다. 그렇게 하여 결정된 곳은 멕시코 칸쿤. 칸쿤은 멕시코의 대표적인 휴양지로 세계 각지에서 많은 여행자들이 방문하는 곳이란다. 아

이들이 준비한 여행 정보를 보니 벌써부터 마음이 설렜다. 여행 일정은 15일간으로 잡았다.

해외 여러 곳을 여행해 봤지만 멕시코는 처음이었다. 남미 특유의 활기가 넘치는 멕시코에 도착한 것은 7월이었다. 여행 기간 내내 날씨가 좋았고 일정도 순조로웠다.

칸쿤의 가장 큰 매력은 끝없이 펼쳐진 카리브해 해변이다. 투명한 하늘 아래 넓은 바닷가가 시원하게 펼쳐져 있고, 백사장 군데군데 이국적인 방갈로가 눈길을 끌었다. 갖가지 생과일 주스를 비롯해 먹거리도 화려했다. 여행 중 특히 인상 깊었던 건 세계 7대 불가사의 중 하나로 꼽힌다는 고대 마야인들의 엘 카스티요 피라미드였다. 웅장하고 신비로운 모습에서 인간 문명의 위대한 흔적을 느낄 수 있었다.

처음으로 아이들과 함께한 골프도 즐거웠다. 아이들도 나도 남편 때문에 골프를 시작했다. 남편은 무엇이든 가족과 함께하기를 좋아해서 자기가 배우기 시작하자 곧장 우리에게도 권하면서 온 가족이 함께 골프연습장에 다니곤 했다. 그러나 실력이 늘기도 전에 남편이 떠났고, 필드에는 나가보지도 못한 채 골프에 발을 끊었다. 그러다가 지인들과 몇 번 필드에 나가면서 골프에 조금씩 맛을 들이고 있었지만 그때까지 아이들과 필드에 나간 적은 한 번도 없었다.

골프는 누구와 함께하느냐에 재미가 있기도 하고 없기도 한다. 나는 실력이 낮아서 잘 모르는 사람과 동행하거나 상대가 너무 잘 치거나 하면 괜히 주눅이 들어 공이 평소보다 안 맞았다. 그런데 아이들은 세상에서 가장 편한 일행 아닌가. 기분 봐가면서 말 맞춰줄 일 없고 서로의 실력에 신경 쓰지 않아도 되니 그렇게 편할 수가 없었다. 잘 치고 못 치는 게 뭐 중요하겠나. 내 사랑하는 아이들과 푸른 초원을 한가롭게 거니는 것만으로 행복했다. 우리 아이들은 농담도 잘하고 해서 필드를 도는 내내 웃음이 끊이지 않았다.

밤에는 도란도란 이야기꽃을 피웠다. 국내에 있을 때는 매일 한집에 살고 있지만 일부러 그런 시간을 갖게 되지는 않았다. 여행 중인 데다 종일 새로운 경험을 하고 난 뒤라 어떤 이야기든 즐거웠다. 이야기를 하다 보면 혼자 가슴에 묻어놓은 이야기도 나오고, 그러다 보면 함께 울기도 하고 새삼 이런저런 다짐도 하며 한마음이 되었다.

여행에서 돌아올 때는 아이들 모두가 다시 없을 추억이 될 것 같다고 이구동성으로 말했다. 여자친구와 동행하지 못해 좀 서운해했던 아들도 우리끼리만 다녀오자던 나의 마음을 뒤늦게 이해하는 듯했다. 정말 꿈같은 여행이었다.

결실(結實), 34×33cm

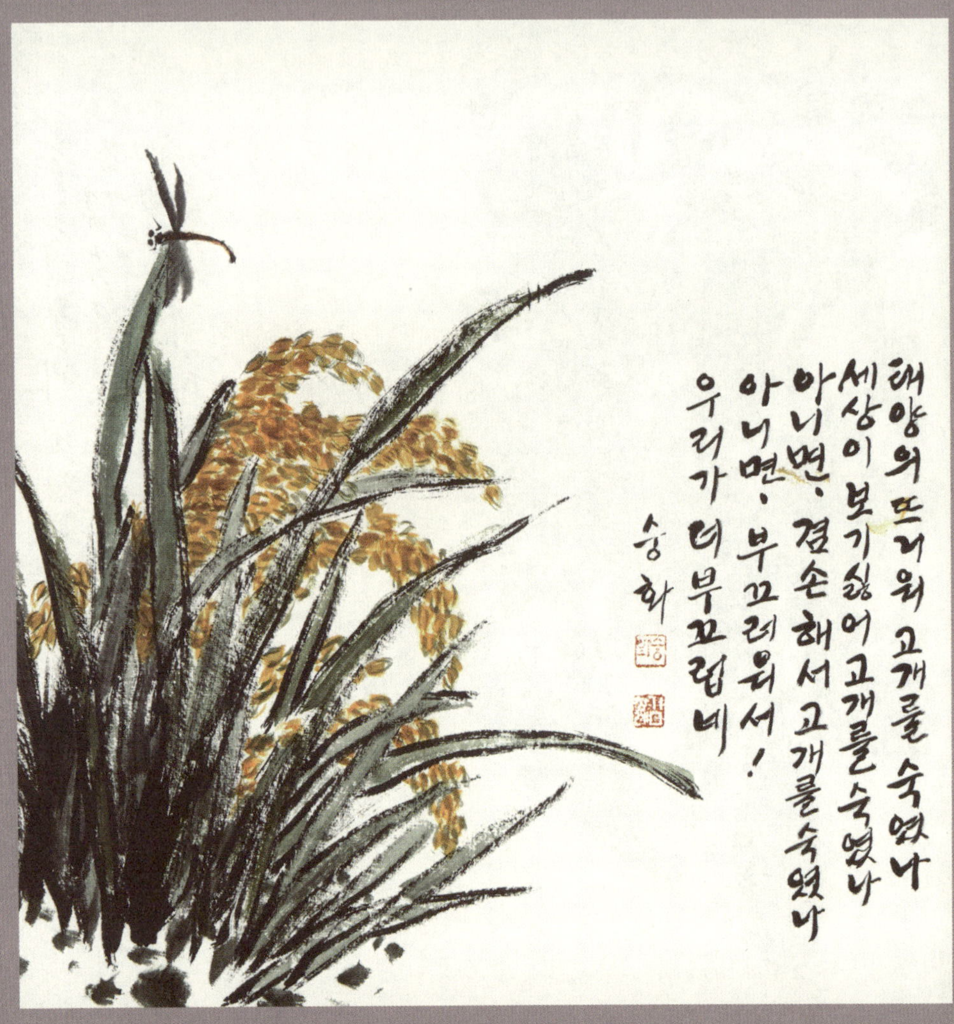
태양의 뜨거워 고개를 숙였나
세상이 보기싫어 고개를 숙였나
아니면, 겸손해서 고개를 숙였나
아니면, 부끄러워서!
우리가 더 부끄럽네
송화

겸손(謙遜), 34×33cm

둘째 딸 웨딩 촬영에 내가 주인공

둘째 재선이가 유학에서 돌아와 결혼을 할 때다. 혼자 큰일을 치르고 있자니 남편의 빈 자리가 새삼 크게 느껴졌다. 사돈 집안은 내외가 다 계셨으므로 처음에 부모 상견례 하는 자리에서도 괜히 좀 위축됐었다. 그이가 있었다면 지금 얼마나 기뻐하셨을까. 얼마나 든든할까. 남편이 너무 보고 싶었다.

내 마음의 허전함은 감춘 채 나는 결혼식의 모든 과정을 일일이 챙기며 정성스럽게 결혼식을 준비했다.

웨딩 촬영을 하는 날이었다. 웨딩드레스를 입은 재선이가 사진사의 지시에 따라 다양한 포즈를 취하고 있는데 예뻐 보였다.

"너 오늘 정말 예쁘다. 우리 딸이 이렇게 드레스가 잘 어울리는 줄 몰랐어"

재선이는 털털한 성격이어서 평소에는 옷차림에 거의 신경을 쓰지 않았다. 있는 대로 툭 걸치는 스타일이었다. 그런 아이가 새하얀 드레스 차림으로 온갖 화보스러운 자태를 취하고 있으니 어딘지 낯설어 보이면서도 정말 아름다웠다.

내 칭찬에 재선이는 엄마도 한번 드레스를 입고 사진을 찍어보라고 권했다.

"그럴까?"

나는 사양하지 않고 나섰다. 그렇지 않아도 은근히 욕심이 나던 참이었다. 나는 결혼할 때 웨딩드레스를 입어보지 못했다. 지금처럼 화려한 웨딩 촬영이 보편화 돼 있던 때도 아니고 집안도 가난해 웨딩드레스를 마련하지 못했다.

사진작가 모델 출신답게 크루즈 드레스로 멋지고 우아한 자태를 뽐냈다.

나는 촬영을 위해 예식장에서 드레스를 한 벌 빌렸다. 그곳 전문가의 손을 빌려 메이크업도 했다. 내친김에 크루즈 여행을 갈 때 마련했던 드레스와 한복도 집에서 가지고 왔다. 여행하면서 충분히 입어보긴 했지만 동행자가 없어 사진을 많이 남기지 못한 게 아쉬웠었다.

그렇게 여러 옷을 갖다 놓고는 연예인 화보촬영이라도 하듯 온갖 우아한 자태로 사진을 찍었다. 내가 모델 체질인 걸까, 입었다 벗었다 같은 옷을 여러 번이나 갈아입는 게 하나도 번거롭지 않았다. 사진사가 뭐라 요청하기도 전에 포즈도 내가 알아서 취했다.

내가 그처럼 전혀 수줍어하지 않고 적극적으로 촬영을 즐기자 재선이도 좋아했다.

"우리 엄마 완전 타고난 모델이네. 사진 찍어보란 말 안 했으면 큰일 날 뻔했어요."

"그러엄 내가 사진작가한테 모델도 했던 사람이야."

"정말이요?"

"내가 얘기 안 했나? 나중에 얘기해 줄게."

사진은 꽤 만족스럽게 나왔다. 내 작업실에 그때 찍은 사진 몇 장을 걸어놓았다. 어쩌다 그 사진에 눈길이 가면 아이들이 지금도 놀린다. 그날 웨딩촬영의 주인공은 재선이가 아니라 엄마였다고.

놀러온 이웃들도 그 사진을 보면 어쩜 이리 우아하냐고 덕담을 해 준다.

"옷이 날개인 거죠 뭐."

나는 겸손하게 대답하지만 속으로는 으쓱하면서 생각한다.

내가 이래봬도 사진작가 모델 출신이랍니다.

모델 좀 해주시겠어요?

어느 날 남양의 성모 성지에 참배 나들이를 간 적이 있다. 참배가 목적이기보단 마음이 좀 울적해 혼자서 훌쩍 떠난 여행이었다.

경기도 화성시에 있는 이 성지는 병인년(1866년) 대박해 때 처형된 순교자들을 현양하는 순교성지다. 1991년 성모 마리아에게 봉헌됨으로써 한국 천주교회에서는 처음으로 성모 성지로 공식 선포된 곳으로, 우리나라의 여러 성지 중 성모 성지로는 유일한 곳이다.

나는 성지에 도착해 산책로로 잘 조성돼 있는 '묵주기도의 길'을 걸었다. 곳곳에 수목이 울창한 곳이지만 늦가을이어서 단풍은 거의 지고 마른 나뭇가지에 한두 잎만 남아 있었다. 평소에는 일반인 관광객도 많은 곳인데 단풍철이 지나선가 성지 전체가 한적했다. 그런 쓸쓸한 분위기에서 앙상하게 시들어가는 잎새들을 보니 꼭 나 자신을 보는 것만 같았다.

'친구들 먼저 다 떠나서 외롭지 않니?'

누렇게 메말라가는 나뭇잎들을 쳐다보면서 나는 동병상련의 심정으로 중얼거렸다.

문득 사진을 남기고 싶다는 생각이 들었다. 원래 사진 찍기를 좋아하지만 늦가을의 호젓한 정취 때문인가 유난히 감상적인 기분이 들었다.

일행이 없어 사진 찍어줄 사람이 없었다. 셀카라도 찍을까 핸드폰을 만지작거리고 있는데 저쪽에서 한 남자가 걸어오는 게 보였다. 그런데 무슨 우연일까 마침 카메라를 어깨에 메고 있었다. 전문가용인지 카메라가 매우 크고 비싸 보였다. 한눈에 봐도 일반인이 들고 다닐 카메라가 아니었다.

"저기요, 여기에서 저 사진 한번 찍어주실 수 있어요?"

가까이 다가온 남자에게 말을 건넸다.

"아 네, 그러지요."

남자는 순순히 내 부탁을 들어주었다.

내가 단풍나무 아래에서 포즈를 잡자 남자가 사진을 찍기 시작했다. 찍는 모습만 봐도 전문가적인 느낌이 물씬 풍겼다. 적당한 거리에서 한 번 찍고 마는 게 아니라 자리를 이동해가며 다양한 각도로 여러 컷을 찍었다.

남자가 사진을 보여 주었다. 당시 나는 바바리코트를 입고 있었다. 날

초반에는 모델인 척하는 데 힘들었으나 곧 적응하였다.

씨에 맞춰 입고 나온 건데 일부러 준비한 옷차림처럼 잘 어울렸다. 마음에 들었다.

"사진 잘 찍으시네요. 혹시 사진작가세요?"

"아마추업니다."

"아마추어 솜씨가 아닌데요? 카메라도 일반용은 아닌 것 같고……"

"모델이 훌륭해서 그렇지요."

남자는 겸손해하면서 정식으로 자기소개를 했다. 한전에 근무한다고 했고, 취미로 사진을 찍는다고 했다. 가끔 사진 전시회도 한다고 하니 직업작가가 아닐 뿐 전문적인 사진작가였다.

남자가 사진을 보내주겠다고 해 주소를 가르쳐 주었다. 주소를 적고 난 남자가 뜻밖의 말을 했다.

“실례 안 된다면 모델을 좀 부탁해도 될까요?”

“모델이요?”

“사실 아까 제가 먼저 말 걸었을지도 몰라요. 여기 서 계시는 모습 봤을 때부터 이미지가 눈에 들어왔거든요. 앵글에 잡히는 모습도 참 좋으시고.”

‘작업 거나?’ 한순간 의심스러운 기분이 들어 새삼 남자의 기색을 살폈다. 호남형의 50대였고, 가벼운 캐주얼 차림이었지만 말투나 분위기가 경솔하지 않았다.

서설도(瑞雪圖), 35×41cm

“모델은 어떻게 하는 건데요?”

“그냥 제가 고른 장소에서 포즈만 잡아 주시면 돼요. 표정이나 자세는 그때그때 제가 부탁드릴 겁니다. 조금 전처럼 알아서 자세를 잡으셔도 되구요.”

나는 잠깐 망설이다 남자의 부탁을 받아들였다. 사진작가의 모델 노릇을 언제 해보겠나.

“아휴 고맙습니다. 그럼 오늘 일단 몇 장 더 찍어볼까요.”

우리는 장소를 옮겨 몇 장의 사진을 더 찍었다. 몇 장이라지만 컷 수로 따지면 수백 장이다. 남자는 한 장소마다 자세만 살짝 바꿔가면서 같은 배경의 사진을 수십 컷씩 찍었다. 그때마다 오른손을 조금 더 들어달라, 고개를 약간만 숙여달라는 등 매우 디테일한 주문을 했다.

그 후로 한 2년 정도 남자와 만나 모델을 해 주었다. 수원의 어느 유명한 솔밭공원도 가고 또 어디도 가면서 다양한 장소에서 다양한 옷차림으로 사진을 찍었다. 찍은 사진은 잘 나온 것으로 골라 집으로 보내주었다.

그렇게 2년 따라다니다 보니 남자가 자리만 정해주면 자세는 내가 알아서 할 만큼 익숙해졌다. 또 작품이 잘 나올 것 같은 장소나 배경에 대해서도 안목이 생겼다. 직업모델에 비교할 순 없겠지만 나름 사진모델로서의 커리어가 생긴 것이다.

인공관절 수술을 받다

60대 중반을 넘어갈 때 무릎 관절에 이상이 생겼다. 걷는 게 조금씩 불편하더니 어느 날부터는 다리가 휘는 게 느껴졌다. 골프를 치러 가면 중간에 한동안 쉬어야 할 때도 있어 일행에게 민망했다.

삼성의료원에서 검사를 하고 난 후 인공관절 수술을 받기로 했다. 정식 명칭으로는 인공관절치환술이다. 담당 의사는 몇 년 기다렸다 칠십 넘어 수술받기를 권했다. 인공관절 수명에 제한이 있으므로 최대한 오래 버티다가 수술하는 게 좋다는 것이다. 인공관절 수명을 물어보니 대략 20~25년 사이란다.

심사숙고 끝에 나는 그냥 빨리 해 달라고 했다. 생활하는 데에 불편함이 많았고, 활동성이 떨어지면서 주변에 공연히 폐를 끼치는 경우가 많아서였다.

바로 수술에 들어가기로 했는데 결정해야 할 것이 또 하나 있었다. 두

하엽청향(夏葉淸香), 70×135cm

다리를 한꺼번에 수술할지 하나씩 나누어서 할지 하는 것이었다. 보통은 일주일 간격으로 다리 하나씩 따로 수술하는 모양이었다. 한꺼번에 수술하면 출혈이 많아지기 때문이란다.

나는 한 번에 해달라고 했다. 위험해서 못 한다면 모를까 몸에 칼 대는 일을 두 번이나 겪고 싶지 않았다. 그렇게 해서 두 다리를 동시에 절개하는 수술에 들어갔는데, 의사가 유능한 분이라 깔끔하게 수술을 마칠 수 있었다.

수술 후에는 재활 치료를 위해 적십자병원에 입원했다. 남들 번거롭게 하고 싶지 않아 입원한 것을 주변에는 알리지 않았다. 아이들도 찾아오지

말라고 했고, 병원 밥 맛없다고 집에서 밥해 오려는 것도 하지 말라고 했다. 재활 치료 훌륭하게 끝내고 짠! 하고 돌아갈 생각이었다.

재활 치료는 자전거 타기, 시소 타기 등 다양한 기구들을 이용해 한 번에 2시간 정도씩 하게 돼 있다. 그런데 내가 누구인가. 어떤 일이든 일단 목표가 정해지면 꾀부리지 않고 최선의 노력을 기울이는 게 내 성격이다. 남들은 재활운동을 하루에 한 번씩 하는데 나는 세 번씩 했다. 재활치료 말고는 달리 할 일도 없는 병원에서 시간을 낭비하고 싶지 않았다.

치료용 기구가 한정돼 있어 늘 대기하는 사람이 있기 때문에 내 마음대로 기구를 독점할 수는 없었다. 나는 한 번 하고 쉬었다가 또 가고 하는 식으로 하루에 최소 세 번씩 기구를 탔다. 기구 이용을 안 할 때는 병원 곳곳을 돌며 걷기 운동을 했다. 하루라도 빨리 재활 치료를 끝내겠다는 마음이었다.

주변에서 하는 말을 들어보니 수술은 잘 되었으나 재활 치료에 소홀해서 불편을 겪는 사람이 적지 않다고 한다. 그러나 나는 재활 치료를 열심히 한 덕분에 지금껏 수술 후유증을 전혀 겪지 않았다.

재활 치료 중에 갑자기 찾아온 우울증

무릎 수술을 하고 난 후 재활 치료를 받느라 입원해 있을 때다. 수술도 잘 되었고 재활 치료도 잘 해나가고 있었는데 전혀 예상치 못한 문제가 생겼다.

입원한 지 한 달쯤 되었을 무렵이다. 어느 날 갑자기 우울증이 찾아왔다. 괜히 슬프고, 무기력해지고, 밥 먹는 일도 운동하는 일도 아무것도 하기가 싫어졌다. 잠만 자고 싶었다. 잠들 때면 조금 편안해졌다가 아침에 눈 뜨면 다시 우울이 밀려왔다.

'내가 왜 이러지. 이건 대체 무슨 병일까.' 너무 당황스러웠다.

그때까지 나는 우울증에 대해 알지 못했다. 우울증이라는 말이야 많이 들어봤지만 그게 정확히 어떤 상태를 말하는 건지는 몰랐다. 그런데 겪어보니 알 수 있었다. 마음이 까닭없이 불안하고, 아무것도 집중할 수가 없고, 사람을 만나는 게 두려웠다.

가국추색
(佳菊秋色),
135×70cm

의사에게 말했더니 우울증이 온 거라고 퇴원하는 게 좋겠다고 했다. 재활 치료에 집중한다고 병원에서 두문불출 지낸 것이 마음에 부작용을 일으킨 모양이었다. 수술 자체는 아무 부작용 없이 잘 되었는데 엉뚱한 쪽으로 부작용이 온 것이었다.

퇴원해 집에 왔는데도 우울증은 사라지지 않았다. 갈수록 오히려 심해지는 것 같았다. 나는 평생 식욕 떨어진 적이 별로 없다. 몸이 아프거나 걱정이 많을 때도 밥은 꼬박꼬박 먹었다. 어릴 때 늘 배곯은 적이 많아 그렇

능소화, 34×33cm

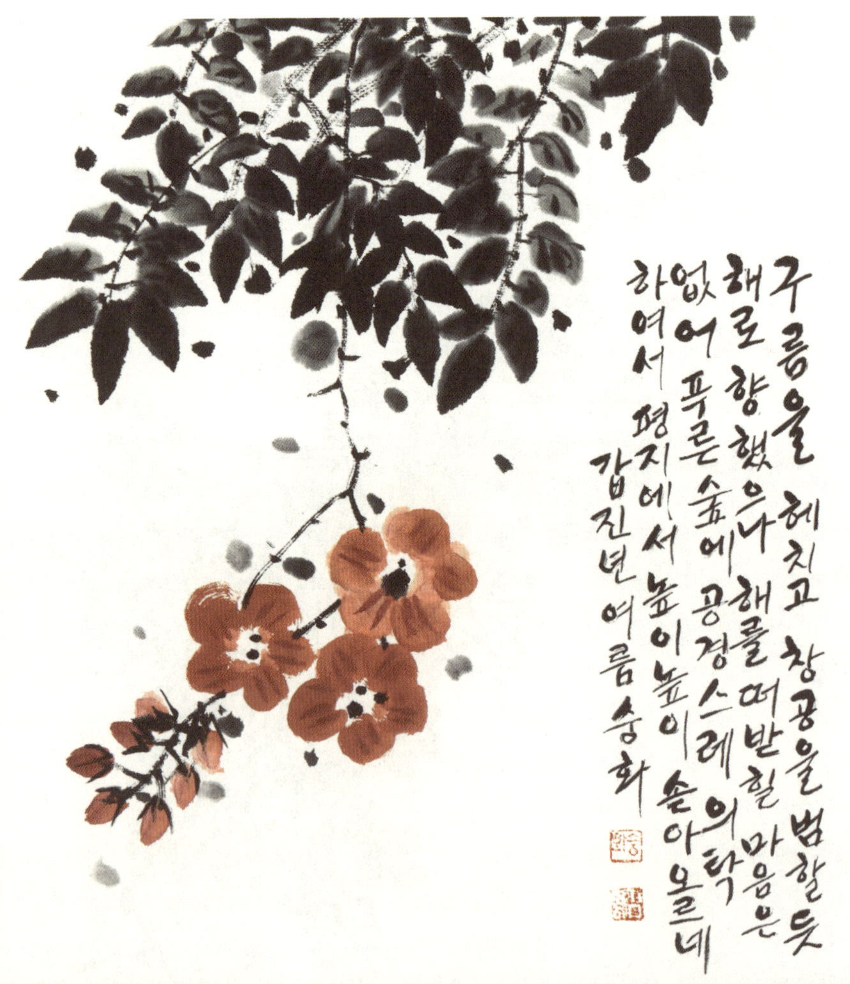

기도 하고, 내 몸이 성해야 집안도 지킬 수 있다는 마음에 식사는 웬만하면 거르지 않았다.

그런데 그때는 아무것도 입에 넣고 싶지 않았다. 배에서 꼬르륵 소리가 나는데도 입과 머리는 밥을 거부했다. 며칠 만에 몸이 바짝 야위었다. 불안증은 더욱 심해져 집에 아이들이 있는데도 무슨 죄지은 사람처럼 혼자 구석에 웅크리고 있기 일쑤였다. 나의 그런 모습을 처음 보는 아이들은 당황하며 어쩔 줄 몰라 했다.

집에서 일주일을 생고생하다가 동네 신경과를 찾아갔다. 아이들과 사위 며느리까지 온 가족이 걱정을 하며 나를 데리고 갔다. 신경과에 가서도 나는 내내 안절부절못하면서 의사든 간호사든 얼굴을 제대로 마주치지 못했다. 생각은 멀쩡한데 그렇게 죄지은 사람 모양 고개를 들지 못하고 있는 내 자신이 창피했지만 도무지 어찌해 볼 수가 없었다.

상담을 하고 약을 처방받았다. 그 약을 먹었더니 신기하게도 금세 마음이 가라앉았다. 그런데 약 효과가 4시간 정도밖에 안 되었다. 마법처럼 가라앉았던 마음이 4시간 지나면 다시 또 불안불안해졌다.

정밀한 진단이 필요하다는 생각에 삼성의료원으로 갔다. 우울증센터라는 곳에서 상담과 설문 조사를 했다. 그런 후 일단 보름치 약을 처방받았다. 상태 변화에 따라 단계별로 약을 바꿔가면서 처방할 거라고 했다.

그런 과정을 거쳐 나에게 맞는 약이 정해졌다. 그 약을 먹으면 하루에 한 알만으로 24시간 동안 마음이 안정되었다. 그것만으로도 살 것 같았다. 영양제 먹는다 생각하고 저녁마다 한 알만 먹으면 다음 날까지 아무 일 없는 것이다.

겪어보니 이 세상에서 가장 힘든 게 우울증이었다. 우울증이 왜 자살로 이어지는지도 알 것 같았다. 세상 모든 게 의미 없어지고 자기 자신이 무가치하게 느껴졌다. 그러니 한순간에 자기도 모르게 극단적 선택을 하게 되는 것이다.

사람의 정신이란 게 얼마나 한순간에 무너질 수 있는지 그때 생생히 경험했다. 다시는 겪고 싶지 않은 우울증이지만 그때의 경험은 훌륭한 인생 공부였다.

수선천공, 46×53cm

골프 여행에서 위험에 처하다

어느 날 큰딸이 해외 골프 여행을 주선했다. 인도네시아에서 22일간 머무르는 일정이었다. 딸이 주선한 동행자들은 줄기세포 치료를 함께 받았던 부부와 그들의 지인 여성이었다. 딱 한 번 만났던 부부와 일면식도 없는 사람 하나. 전혀 모르는 사람들과의 동행이나 마찬가지라 좀 주저되긴 했으나 어떤 면으로는 모르는 사람들이 차라리 편하겠다는 생각도 들었다.

인도네시아 호텔에 방 두 개를 잡았다. 부부는 당연히 한 방에 들고, 나하고 낯선 여자가 룸메이트가 되었다. 여자는 나보다 열 살쯤 아래였는데 얘기를 나누다 보니 그쪽도 가톨릭 신자였다. 잘 됐다 싶었다.

그 자매는 신자라면서도 기도는 거의 하지 않았다. 아침 먹으면 바로 골프장에 가기 때문에 나는 새벽에 일어나 기도 시간을 갖고는 했다. 그런데 그 자매는 밤에 늦게까지 침대에 앉아 태블릿을 펼쳐놓고 드라마를 시청했다. 그러다가 새벽이 되어서야 잠자리에 들었다.

나는 자매 때문에 깊은 잠에 들지 못하다가 자매가 잠이 든 새벽 4시에 일어나야만 했다. 그러고는 자매의 잠을 방해할까 봐 화장실로 가 기도를 했다. 화장실 바닥에 앉아 기도를 하고 있노라면 차라리 혼자 왔어야 하는데 이게 무슨 청승인가 싶었다.

부부도 나를 그다지 상냥하게 대하지 않았다. 애초에 가까운 사이가 아니었다지만 그래도 함께 해외에 온 일행치고는 너무 데면데면했다. 동행자들과 그렇게 떨떠름한 사이가 되고 보니 괜히 왔다 싶었다. 코스를 돌며 아기자기하게 농담을 나누는 재미가 없으니 골프도 별로 흥이 나지 않았다. 이런 사람들과 어떻게 22일이나 함께 하지. 당장 돌아가고 싶은 걸 딸아이 마음을 생각해 꾹 눌러 참았다.

마음 수양하러 온 명상여행이라 생각하자. 나는 꼭 필요한 일정 말고는 일행과 떨어져 나 혼자 시간을 보냈다. 혼자 책 읽고 혼자 산책하고 했다.

어느 날 수영이 하고 싶어 호텔의 야외수영장에 나갔다. 물론 혼자였다. 오후 2시경이었는데 그날따라 수영장에 아무도 없었다. 물에 들어가 있는 사람이 하나도 없어 물 깊이를 알 수가 없었다. 수영장에 흔히 있는 수위 표시 안내판도 보이지 않았다.

'뭐 고객들 수영하라고 만든 곳이니 아주 깊지야 않겠지.'

나는 조심스레 수영장에 몸을 담갔다. 바다에 혼자 나온 듯 썰렁했지만 호젓한 맛은 있었다. 느긋하게 수영을 시작했다. 그런데 어느 순간 발을 디디려다 보니 깊이가 장난 아니었다. 몸이 쑤욱 아래로 내려갔다. 당황해서 물가로 이동하려 하자 몸이 더 빠져들었다.

허겁지겁 빠르게 손발을 움직였다. 한번 당황하고 나자 몸이 뜻대로 움직이지 않았다. 꼴딱꼴딱 잠깐 사이에 수영장 물을 몇 번이나 먹었다. 금세 숨이 목까지 차올랐다. 소리를 질러봤지만 가까운 곳에는 사람이 없었다. 이윽고 몸이 속절없이 가라앉았다.

'아, 머나먼 타국에서 이렇게 죽는 건가.'

허우적거리다 보니 저쪽 멀리 외국인 몇 사람이 보였다. 그들과 나 사이가 하늘과 땅처럼 멀어 보였다. 빤히 보이는 같은 공간 안에 있지만 그들은 산 사람이고, 나는 이미 반쯤은 죽은 사람이었다.

아득한 절망감이 밀려오는 순간, 하느님을 떠올렸다.

'아버지! 저를 버리시나이까!'

나는 기도와 함께 마지막 온 힘을 다해 몸을 버둥거렸다. 그 순간 발이 바닥에 닿는 것이 느껴졌다. 아아 됐어! 발이 닿는 방향으로 필사적으로 몸을 튕겼다. 마침내 걸을 수 있는 얕은 곳에 이르렀다. 나는 간신히 수영장을 빠져나와서는 먹은 물을 한참이나 게워냈다.

기진맥진한 상태로 가만히 누워 있었다. 푸른 하늘과 느리게 흘러가는 구름이 보였다. 방금 전 죽을 뻔한 게 믿겨지지 않을 정도로 한가로운 풍경이었다.

누운 그대로 한 시간쯤 몸을 추스르고 방으로 돌아갔다. 큰 사고를 겪은 거지만 일행에겐 아무 말 하지 않았다. 좀 창피하기도 했고, 내 얘기에 크게 관심을 가질 것 같지도 않았다.

다음 날 아침 먹으러 내려갔을 때 식당에서 호텔 사장을 보았다. 다른 투숙객을 위해서라도 한마디는 해야 할 것 같았다. 나는 사장에게 어제

창송(蒼松), 34×33cm

겪은 일을 이야기하면서 수영장에 수위 표시판이 없다는 것을 지적했다. 다른 사람이면 정식으로 클레임을 걸 수도 있는 일 아니냐며 조용히 항의했다.

그런 일이 있었느냐며 사장은 깜짝 놀란 표정을 했다. 죄송하다고 몇 번이나 사과하고는 병원에 모시고 가겠다고 했다. 병원 갈 생각까지는 안 했었는데 사장이 뭔 문제라도 생길까 걱정하는 것 같아 병원에 갔다. 죽

향일규(向日葵), 91×140cm

을 뻔한 것치고는 몸에 별 이상은 없었으므로 가벼운 검사와 주사 한 대 맞고 돌아왔다.

살면서 죽을 뻔한 적이 다섯 번 있다. 어릴 때 겪은 두 번은 나의 첫 책인 추모 에세이에도 적었는데, 낯선 사람에게 납치돼 산에 끌려갔을 때와 나쁜 사람이 2층에서 나를 집어던졌을 때다.

다른 세 번은 성인이 되어서의 경험인데, 그 세 번 모두가 물에 들어가 당한 일이었다. 한 번은 아이들이 아직 어릴 때인데 가평 휴양지에 가족이 모두 놀러 갔을 때다. 애들은 얕은 곳에서 놀고 나는 혼자서 조금 깊은 곳으로 들어가다가 순식간에 빠져들었다.

네 번째는 대자들과 함께 승봉도 섬에 갔을 때였다. 그때는 수영을 좀 배운 상태였다. 한차례 수영을 하고 나서 남편과 대자들은 모래밭에 앉아 술 마시며 이야기를 나누는데 나 혼자 조금 더 수영하겠다며 바다로 들어갔다. 그러다가 생각지도 못했던 수렁에 빠지고 말았다. 몸은 물 위에 떠 있는데 두 발이 수렁에 박혀 꼼짝할 수가 없었다.

그때도 인도네시아 호텔에서와 비슷한 일을 겪었다. 몸은 가라앉고 바닷물만 속절없이 들이켜고 있는데 저만치 보이는 일행은 나의 상황을 알아차리지 못했다. 빤히 보이는 곳에서 남편과 대자들이 즐겁게 웃어가면서 이야기를 나누는데 나만 혼자 죽음과 필사적으로 싸웠던 것이다.

나중에 어찌어찌 살아 돌아와서 들은 말이 기막혔다. 두 팔로 연신 허우적거리는 나를 보면서 남편은 사람들에게 "우리 민선이 엄마가 저렇게 수영을 잘해" 그랬다는 것이다. 살고 죽는 게 한순간 차이라는 걸 정말 실감했다.

인도네시아에서 귀국한 후 딸아이에게 내가 겪은 이야기를 했더니 세상에! 하면서 매우 놀라워했다. 죽을 뻔했다는 것도 그렇지만 딸아이가 분개한 건 혼자인 나를 방치하다시피 하며 자기들끼리만 어울린 일행들의 태도였다. 수영장 사건도 결국 혼자 호텔에 머물다 당한 일이었기 때문이다.

"그렇게 무시당하면서 왜 참고 있었어요? 나 같으면 바로 짐 쌌다."

"나만 참으면 되는데 거기까지 가서 무슨 요란을 떨어. 네가 보내준 여행이잖아. 막상 중간에 돌아왔다면 네가 얼마나 실망했겠니."

"그래도 그렇지…아유 못된 사람들. 아유 무례한 사람들……"

딸아이는 몇 번이나 씩씩거렸다.

인도네시아 발리에 와서

수십 년 전 대자내녀와 함께했던 발리에 다시 왔다. 우리 회사의 통역 담당하던 여직원의 초청으로 딸하고 함께. 그 직원의 모친도 함께 동반하였다. 여직원은 자카르타에서 개인사업을 하고 있다. 오랜만에 오니 옛 생각이 나며 남편이 떠올랐다. 저 넓은 지평선을 바라보니 함께했던 추억이 더더욱 생생하게 떠올랐다. '나는 왜 지평선만 바라보면 저 끝에 그 사람이 있을 것만 같은 생각이 드는 걸까?' 가보고 싶고 만나보고 싶다.

이곳 사람들은 행복지수가 높은 것같다. 자연이 주는 자원으로 풍부하지는 않지만 욕심 없이 평화로운 미소로 살아가는 모습이 순수하고 아름답기까지 하다.

젊음이 남아있다면(?) 이곳에 와서 살아보고 싶은 마음이 들었다.

발리 호텔에서

하일청향(夏日淸香), 135×70cm

추색(秋色), 70×40cm

양쪽 사돈과의 여행

사돈은 촌수를 가리기에는 매우 어렵지만 평소에도 함께 국내 여행을 자주 하면서 친화적이고 화기애애한 관계였다. 사위와 며느리가 잘하니 고마운 마음에 그 부모님들과 함께 외국 여행도 하게 되었다. 양쪽 사돈 내외와 나와 큰딸, 작은딸 내외, 아들 내외와 손자까지 그야말로 대가족 3대가 홍콩, 심천, 마카오를 갔다. 며느리는 둘째를 임신 중이었다. 가는 주요 관광지마다 인증 샷으로 추억을 남기고 맛있는 음식을 먹으면서 정담을 나누는 행복함을 만끽했다. 옆에 한 분만 더 계셨다면 더없는 기쁨이었겠지만, 그분이 안 계시니 내가 모시게 된 것이다.

4박5일을 꿈같이 지내고 돌아왔다. 지금 생각해도 잘한 일이다. 요즈음도 사돈들과 여행을 다니고 있다. 고마운 분들이시다.

벨기에의 옛 거래처 지인과 해후

2024년 8월, 예전에 풍남과 거래하던 외국 회사의 직원이었던 까롤로(Carlo De Baere)씨를 만나러 벨기에에 다녀왔다. 남편도 없는데 옛 거래처 회사의 직원, 그것도 외국인인 사람을 만나러 해외 나들이를 한 것은 특별한 경험이었다.

까롤로는 풍남이 핀란드 회사와 OEM 계약을 할 때 그 회사의 영업사원이었다. 남편은 일로 만나는 사람에게도 늘 진심을 다 해 관계를 맺었다. 까롤로가 한국에 왔을 때 우리는 제주도 집까지 모시고 가 최선의 환대를 해 주었다. 직접 차린 음식으로 정성껏 식사 대접을 하고 제주도 곳곳의 관광지를 함께 돌아다녔다.

그때 이후로 일 문제가 없어도 가끔 통화를 할 정도로 그와 개인적인 친분이 돈독해졌다. 제주에 갔을 때 돌하르방과 돌할망에 관심을 보이면서 갖고 싶다고 하기에 나중에 선물로 사서 배편으로 보내줬는데 돌하르

비즈니스는 물론, 유독 개인적 친분이 돈독했던 까롤로 씨와 함께

방과 돌할망이 너무 무거워서 운송비만 이천만 원이라는 거금이 드는 웃지 못할 해프닝이 있었다(정작 돌하르방과 돌할망 가격은 오백만 원이었는데 ㅎㅎ).

그렇게 남다른 사이였지만 남편이 떠나고 사업적인 관계도 완전히 끊기면서 자연스레 소식이 두절되었다. 그런데 최근에 우연히 옛날 풍남의 여직원을 통해 소식이 전해졌다.

여직원 심보혜 씨는 풍남이 핀란드 회사와 거래할 때 통역을 맡았던 직원이었다. 매우 성실한 직원이어서 남편이 칭찬을 많이 했었는데 그녀가 까롤로와 연락이 닿았던 것이다.

백미천반(온갖 아름다운 자태를 자랑한다), 34×34cm

예전의 우리 호의를 잊지 않은 까롤로가 나를 초대하여 벨기에까지 가게 되었다. 예전에는 직원이었는데 이제는 어엿한 사장이라고 했다.

나는 큰딸 민선이, 옛 여직원 심보혜 씨와 함께 떠났다. 공항 라운지에서 차를 마시며 비행기 출발을 기다리고 있자니 제주에서 까롤로 씨와 함께했던 시간들이 주마등처럼 머리를 스쳤다. 비행기는 비즈니스 클래스를 이용했다. 그동안 여행이나 회사 일로 여러 번 해외 나들이를 했지만 비즈니스 클래스를 탄 건 처음이었는데 서비스 질이 확실히 달랐다.

12시간 걸려 뮌헨에 도착한 후 다시 벨기에행 비행기로 갈아탔다. 뮌헨에서 벨기에까지는 2시간 거리였다. 벨기에 공항에 도착하니 까롤로가 마중 나와 있었다.

까롤로의 차를 타고 그의 집으로 이동했다. 부인도 집앞에서 우리를 기다려주었다. 아담하고 모던한 주택이었는데 집안 전체에 여유로운 행복감이 느껴졌다. 순간 남편이 떠올라 울컥 눈물이 나오려는 것을 억지로 참았다.

까롤로 씨가 갖고 싶어하여
선물로 보내드린 돌하르방

밸기에 까롤로 씨 부부와 함께

전가풍미(田家豐味), 34×34cm

까롤로의 안내로 집 곳곳을 둘러보았다. 잘 가꿔진 정원에 토마토와 고추 등이 심어져 있고 닭 두 마리가 자유롭게 돌아다녔다. 까롤로는 닭 두 마리가 매일 두 개씩 알을 낳는다고 어린아이처럼 즐거워했다.

그 아담한 정원 한쪽에 우리가 선물했던 제주 하르방과 할망이 나란히 서 있었다. 뭉클했다. 관리가 잘 되어 있었고 벨기에 사람들이 관심을 가지고 몇 번 팔라고도 했지만 까롤로는 자신이 살아있는 동안은 안 팔겠다고 하셨다. 보낼 당시 들었던 비싼 운송비가 아깝지 않은 순간이었다. 그런데 하르방보다 더 반갑고 뜻밖이었던 것이 있다. 바스켓이었다.

남편이 사운을 걸고 열정적으로 개발에 도전했고, 마침내 국내 최초 개발에 성공하여 풍남을 국제적 기업으로 발돋움 하게 만들었던 바스켓이다. 풍남이 정리된 후 이제는 우리 집에서도 볼 수 없는 바스켓이다. 그 바스켓을 먼 이국 남의 집 정원에서 보게 되자 옛 추억들이 후루루 눈앞을 스쳤다. 남편의 분신을 만난 양 한동안 가슴이 먹먹했다.

벨기에 여행에서는 짐을 잃어버리는 에피소드가 있었다.

벨기에 공항에 도착해 짐을 찾으려 하니 우리 것만 보이지 않았다. 알아보니 뭔가 잘못돼 중간기착지였던 뮌헨 공항에 방치돼 있었다. 다음 비행기편에 받아서 호텔로 갖다 주겠다고 하여 짐 없이 호텔에 묵었다. 약속대로 다음날 아침 호텔에 가방을 가져왔는데 다행히 분실된 것은 없었다.

큰딸과 뮌헨을 걷다

벨기에에서는 까롤로 집에 이틀이나 방문해 환대를 받았다. 그후 벨기에 오는 길에 잠시 스쳐지났던 뮌헨으로 다시 돌아왔다. 까롤로를 만나 이번 여행의 기본 목적은 이루었고 이제는 우리만의 자유 여행이었다.

큰딸과 둘이 하는 여행은 처음이었다. 심보혜 씨가 동행하긴 했지만, 그리고 한국에서는 매일 집에서 보던 큰딸이지만 외국 거리를 큰딸과 둘이 걷고 있으니 기분이 남달랐다.

큰딸은 일찍이 외국에서 어학연수를 하고 MBA까지 마쳐 영어에 능숙했다. 외국에 나와 보니 딸아이의 회화 실력이 실감 되었다. 어느 상황에서든 모국어처럼 자연스럽게 영어를 말하는 것이 든든하면서 대견했다. 게다가 통역 경험이 풍부한 심보혜 씨까지 옆에 있으니 낯선 뮌헨에 있으면서도 의사소통에 일절 문제가 없었다.

그 어느 때보다 한가로운 여행이었다. 유명 관광지를 찾아다니지 않고

큰딸과 둘이 하는
첫 해외여행이어서
큰딸의 존재감은
더욱 커보였다.

그냥 도시 이곳저곳을 걸어다녔다. 유럽이 대개 그렇지만 현대식 건물과 바로크·고딕 등 옛 건축 양식이 고스란히 보존돼 있는 건물들이 공존하고 있었다.

집집마다 창가에 꽃 화분이 나와 있는데 보기 좋았다. 흔하고 사소한 풍경인데 고전적인 정취가 물씬 느껴졌다. 우리 마음이 여유로워서인가

독일은 '라인강의 기적'으로, 대한민국은 '한강의 기적'을 이뤄내며
공통의 성장통을 겪고 급속한 발전을 이뤘다.

거리에서 마주치는 사람들이 다 행복해 보였다. 카페에 삼삼오오 모여앉아 차 한잔 맥주 한잔 마시며 정담을 나누는 모습도 다 아름다웠다.

까롤로를 만나 그리운 풍남 시절의 회상에 듬뿍 젖어 있던 참이었다. 누구보다 애국자였던 남편의 국가관을 유럽의 강국 뮌헨 거리에서 새삼 돌아보았다.

독일은 어릴 때부터 '라인강의 기적'에 대해 많이 들어본 나라이다. 2차 세계대전 이후 폐허에 가깝게 몰락했다가 십여 년 만에 급격한 고도성장을 이루었다. 독일이 부흥하고 있을 때 우리나라는 6·25전쟁을 치렀다. 전쟁이 남긴 폐허 위에서 우리나라는 독일처럼 '한강의 기적'을 만들기

독일 뮌헨 거리 여행을 통해 남편과의 결혼생활을 흠뻑 돌아보는 계기가 되었다.

위해 애썼고 결국 이루어냈다. 거기에 우리 풍남도 작은 기여나마 했을 것이다.

몇십 년 전만 해도 감히 비교조차 할 수 없었던 선진국 독일이다. 그런 독일의 뮌헨 거리를 한가롭게 걷고 있으니 새삼 우리나라의 저력이 느껴졌다.

풍남의 성장 역사도 그런 저력의 하나였다고 감히 생각한다. 까롤로와의 만남을 시작으로 이래저래 남편과의 결혼생활을 흠뻑 돌아보았던 여행이었다.

부러움이 넘쳐난 영국과 프랑스 팔순 기념 여행

큰딸과 함께 팔순기념 여행을 다녀왔다. 20여 년만에 가서 보니 우아하고 웅장한 건축물들은 예전이나 지금이나 보전이 잘되어 여전히 화려하고 아름다웠다. 게다가 날씨까지 너무 좋아서 하늘은 티 없이 푸르고 구름도 뭉개뭉개 이쁘게 떠 있어서 어디를 봐도 예술작품에 다름이 아니었다.

오랜만에 온 영국은 여전히 멋스러우면서도 고풍스러웠고, 버킹엄 궁전, 세인트폴 대성당, 시계탑, 런던타워 등 오래된 건물에서 영국스러운 역사가 느껴졌다. 천주교인인 내 입장에서는 관광할 수 있는 성당이 많아서 즐거웠고, 성당인 줄 알고 참석한 미사에서는 알고 보니 성공회 교회였던 웃픈 해프닝도 있었지만 그 또한 재미있었다.

프랑스는 역시나 예술의 도시였다. 개선문, 에펠탑, 노트르담 성당, 루브르박물관, 베르사유 궁전 등 화려하고 우아하며 아름다운 역사적 문화유산에 감탄사가 절로 나왔다. 어디를 가나 아침 일찍부터 관광객들이 줄을 서 있는 모습이 이채로웠다. 식당은 테라스에 앉아 있는 사람들로 인산인해를 이루었고, 그 사이에서 유유자적하는 모습이 자유롭고 행복해 보였다.

집안의 기둥 역할자 큰딸과 함께하는 여행은 항상 편안하고 든든하다

여행하는 동안 영국과 프랑스 사람들의 따뜻함과 친절함에 내내 감탄사가 흘러나왔다. 그와 더불어 잘 보존된 오랜 역사 유산을 보고 느끼며 우리나라도 이러한 유산들이 많아서 관광객들을 더 많이 유치할 수 있다면 우리 후손들이 덜 고생하지 않을까 하는 생각에 큰 부러움을 가졌다. 우리나라도 더욱 경제 발전에 힘을 기울여서 국민들의 삶이 아주 안정되었으면 하는 바람이 들었다.

아들의 특별한 효심

"엄마, 저 결혼해야겠어요."

남편이 떠난 지 3년인가 됐을 때 아들 세용이가 불쑥 꺼낸 말이다.

"결혼? 사귀는 여자 있어?"

"여자야 뭐 언제라도 사귀면 되구요, 여자가 중요한 게 아니라 엄마가……"

아들의 말인즉, 아빠가 안 계시니 엄마가 너무 쓸쓸해 하신다는 것이다. 그래서 하루라도 빨리 결혼해 엄마에게 손주 재롱을 보게 해주겠다는 것이다. 자기가 크게 잘난 것이 없어 여러모로 부모님에게 걱정을 끼쳐드렸는데 그것으로라도 효도를 하겠다는 거였다.

"너 속 썩인 아들 아니었어. 너하고 누나들 다 누구보다 바르게 자라주어서 엄마가 얼마나 고마운데."

"저나 누나들이 암만 잘해도 아빠만 하겠어요. 아빠 떠나신 후로 부쩍

막내아들 세용이와 며느리, 손자

외로움을 타시잖아요. 조금만 기다리세요. 손자 손녀 떡하니 엄마 양쪽 무릎에 앉혀드릴게요."

말이라도 뭉클했다. 그런데 말만이 아니었다. 얼마 후 아들이 집으로 여자를 데리고 왔다. 자기 공약(?)을 실천하려고 부리나케 사귀기 시작한 여자인가 했는데 나중에 들으니 이미 몇 년간 사귄 여자였다. 누나들에게는 이미 소개해서 함께 놀러 간 적도 있다고 했다.

아들이 처음 집으로 데려온 여자라 나는 약간 설렜다. 며느리감이라 생각하니 말투 하나 행동거지 하나 꼼꼼히 보게 되었다. 그런데 어쩌나, 마음에 들지 않았다. 여자가 돌아간 후 "어때 보이느냐?"고 아들이 묻기에 "내 눈엔 좀 별로구나" 솔직하게 말했다. 나만 아니라 그동안 몇 번 보았다던 누나들도 썩 마음에 들어 하진 않는 것 같아 편하게 했던 말이다.

그 며칠 후, 아들이 술이 많이 취해서 귀가하더니 오늘 여자와 헤어졌다고 했다. 나의 반대로 헤어진 것만 같이 마음이 안 좋았다.

이튿날 늦게 일어난 아들을 불러 말했다. 아들의 손을 잡고, "세용아! 엄마는 불러도 대답이 없고 보고 싶어도 보지 못하는 아빠도 있다. 너는 지금이라도 전화하면 들을 수 있고 만나고자 하면 볼 수가 있지 않느냐? 전화해라." 했더니 씻고 나와 "어머니 밥주세요. 저는 옛날부터 가족이 다 환영하는 여자와 결혼할 거라고 마음먹었어요. 엄마하고 누나들이 마음에 안 들어 하는 여자하고 결혼할 생각 전혀 없어요."

마음이 안 좋았지만 아들이 그렇다고 하니 그것도 운명이다 싶었다. 나는 더 이상 뭐라 말하지 않고 아들의 생각을 있는 그대로 존중해주었다.

청원, 34×33cm

그리고 1년 후였다. 아들이 새로운 여자를 데리고 왔다. 여자를 보는데 외모가 일단 첫눈에 마음에 들었다. 키가 늘씬하고 피부가 참 고왔다. 말을 나눠보니 차분하면서 어른을 공경할 줄 알았다. 나와 함께 딸들도 동생의 신붓감으로 만족해했다. 여자 이상으로 긴장해 있던 아들은 우리의 반응에 크게 안심하는 표정이었다.

며느릿감 여자는 우리 가족에 대해 이미 많이 알고 있었다. 아들이 결혼 이야기를 꺼내며 가장 먼저 한 말이 엄마와 우리 가족에게 잘할 수 있겠느냐는 것이었다고 한다.

아들은 이듬해 3월에 결혼식을 올렸다. 그리고 양 무릎에 손주 앉혀드리겠다는 약속을 지켰다. 그게 혼자 마음먹는다고 지킬 수 있는 일이 아닌데 참 다행스럽게도 아들 부부는 적당한 간격으로 셋이나 쑥쑥 아이를 낳았다.

결혼한 지 1년 만에 아들을 낳아서 나에게 첫 손자를 안겨주었다. 나는 기뻐서 철학관에 가 이름 석 자를 지어 왔다. 박준후. 준걸한 준 자에 후덕할 후 자를 썼다. 3년 후 이번에는 손녀딸을 낳아 안겨주었다. 그리고 다시 3년 지나서는 두 번째 손자를 낳았다.

세 번째 손자를 무릎에 안았을 때 아들 세용이에게 말했다.

"엄마 무릎 부족하니까 이제 그만 낳아도 되겠다."

서기도(瑞氣圖), 70×116cm

제2부. 아이들과 새로운 시간 속으로

시어머니 닮은 며느리

며느리는 원래 아들이 운영하던 DVD방에서 아르바이트를 하던 여대생이었다. 아르바이트생이 여러 명이었는데 그중에서 가장 성실하고 정직했단다. 단지 일만 잘하는 것이 아니라 다른 아르바이트생들이 사장 모르게 돈을 삥땅하는 것을 보고는 아들에게 어떻게 하면 매출에 구멍 나지 않고 관리를 할 수 있는지 조언까지 해주었다고 한다.

며느리가 선사한 나의 생일 축하패

집에 온 며느리를 처음 보았을 때 그런 야무진 면을 바로 느낄 수 있었다. 결혼 허락을 받으러 온 아이가 시어머니인 나에게 개인 사정 때문에 당장은 결혼할 수 없다고

말했다. 우선 대학을 졸업해야 하고, 집안이 넉넉지 못해 자기가 일을 해서 학비를 마련해야 된다는 것이다. 학생이라 아직 결혼 비용을 모아놓지 못해 졸업 후 취직을 해 돈을 벌어야 된다는 말도 했다.

들어보니 이해할 만한 상황이었다. 아들은 나에게 약속한 게 있어 결혼을 좀 서두르자고 말했던 모양이다. 며느리는 자기 입장을 아들에게는 먼저 말한 것 같고, 나에게도 자기가 직접 말씀드리겠다고 한 것 같았다. 차분하고 조리 있게 설명하는 모습이 총명해 보였다. 무엇보다 집안이 어렵고 졸업 후에도 일해야 한다는 이야기를 하면서도 조금도 위축되는 것 없이 당당한 것이 좋았다. 나는 서슴지 않고 결혼을 승낙하였다.

세 아이의 어머니가 된 지금까지 며느리는 나를 실망시킨 적이 한 번도 없다. 집에 가보면 모든 게 깔끔하게 정돈돼 있다. 또 성격이 부지런한 데다 순발력도 있어 집안 행사 있을 때마다 단단히 한 몫을 하는 데다, 젊은 나이에 아이를 셋이나 낳아 기르면서도 도움 한번 청하는 법 없이 모든

월색반유(月色半留),
170×37cm

걸 혼자 힘으로 척척 다 해냈다. 내가 "힘들지 않아?" 물으면 "아니에요 어머니, 저는 다 재미있는 걸요." 하고 늘 밝게 대답한다.

자식들의 인성교육에 철저하다는 것도 요즘 세상에서 드문 미덕이다. 손주들 셋이 하나같이 예의 바르고 어른을 공경할 줄 인다. 보름에 한 번은 아들네와 밥을 먹는데 손주들은 집안에 들어서자마자 "할머니 안녕하세요!" 씩씩하고 반듯하게 말하면서 허리를 깊이 숙여 배꼽인사를 한다. 식사하는 자리에서는 내가 수저를 들지 않으면 절대 먼저 밥숟가락을 드는 법이 없다. 그리고 밥을 다 먹고 나서는 꼭 "할머니, 맛있게 잘 먹었습니다" 감사 인사를 한다. 돌아갈 때가 되면 "이제 가자" 엄마의 말 한마디

추색도(秋色圖), 34×34cm

에 하던 일 바로 끝내고 주변 정리까지 빠르게 마무리한다.

그런 행동들이 건성이거나 엄마 아빠가 시켜 억지로 하는 게 아니라 몸에 착 배어있다. 나를 대하는 것만이 아니라 집안 고모들은 물론 다른 집 어른들에게도 마찬가지다. 그렇다고 어른을 무조건 어려워하는 건 아니다. 매사 깍듯하면서도 늘 밝고 당당한 것이 딱 자기들 엄마 모습 그대로다.

며느리 생일 축하 행사에서
(좌로부터 며느리의 막내아들, 큰아들, 며느리)

며느리에게 가장 고마운 건 남편을 진심으로 존중한다는 점이다. 깐깐한 누나들이 농담 반 진담 반으로 막내 세용이의 어떤 점을 지적하기라도 하면 며느리는 "이 사람이 말주변이 없어서 그렇지 이러저러한 뜻으로 얘기했을 거예요" 아들 마음을 대변해 주고 "얘, 너 너무 살찐 거 같아," 가벼운 농담에도 "이 사람은 살 좀 찌는 게 더 귀여워 보여요" 하면서 매사 남편을 감싸준다. 이런 게 천생연분 아닐까 싶다. 며느리가 이러하니 우리 집엔 그 흔한 고부갈등이라는 게 전혀 없다.

장인을 빼닮은 사위

우리 집 사위는 딸과 결혼하기 전부터 식구 같은 사람이었다.

사위가 처음 우리 집과 연을 맺은 건 아들 세용이의 과외 선생을 하면서였다. 당시 사위는 둘째 딸 재선이의 대학 후배였다. 세용이가 고1 때 과외 선생을 구하게 되었는데 재선이가 대학에서 자기와 같은 동아리 활동을 하던 후배를 추천했다. 자기 딴에 믿을 만하니까 소개했겠지.

사위는 집이 원주여서 인천에 있는 학교까지 통학하지 못하고 당시 자취인가 하숙인가를 하고 있었다. 그 얘기를 듣고 우리 집에 방을 하나 내주었다. 원래 입주 과외까진 생각을 안 했는데 딸의 후배이다 보니 서로 편하게 생각해 들어와 살라고 했다.

그렇게 한집에 살다 보니 자연스레 우리 가족 모두와 가까워졌다. 밥을 같이 먹고 텔레비전을 같이 보고 함께 여행도 갔다. 큰딸은 자기 후배처럼 편하게 대하고, 세용이도 형으로 생각하며 좋아했다. 집에 아이들의

조롱박, 33×34cm

사촌 형제 하나 와 있는 것 같았다.

지내보니 사위는 성격이 착하고 반듯했다. 사고방식도 건강했다. 활발한 성격은 아닌데도 붙임성이 좋아 나에게 "어머니, 어머니" 다정하게 부르는 말이 아주 자연스럽게 흘러나왔다.

한 식구 같은 마음으로 그렇게 일 년쯤 함께 살았다. 대학을 졸업한 재선이가 MBA 과정을 밟느라 미국으로 떠나고 세용이도 과외를 그만하면

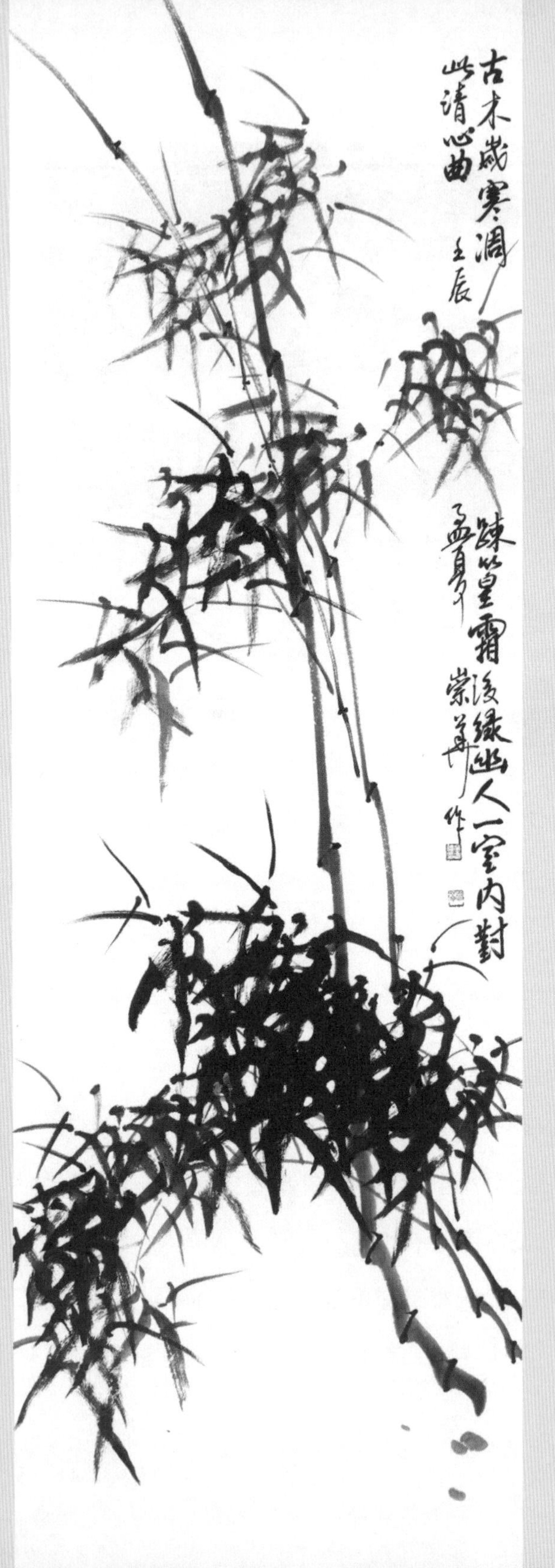

고목세한조(古木歲寒凋), 170×37cm

서 우리 집을 나갔다. 그런데 사위는 그 후에도 불쑥불쑥 나밖에 없는 우리 집을 찾아오고는 했다. 올 때마다 손에 천 원짜리 떡봉지 하나를 들고 왔다. 자기가 건설현장에서 아르바이트 일해서 번 돈으로 사왔다면서 "어머니, 하나 드셔보세요" 수줍어하면서 말했다. 그러고는 그림을 그리고 있는 내 옆에서 한참 가만히 앉아 있다가 돌아가곤 했다.

볼수록 성실하고 꾸준한 데가 있었다. 착하면서도 자기만의 은근한 고집도 있어 보이고, 여러모로 듬직한 청년이었다. 그냥 그렇게 생각했지 얘가 딸아이하고 연애를 하고 있는 줄은 몰랐다. 나중에 들어보니 사위가 짝사랑으로 먼저 좋아했던가 본데 딸이 별말을 하지 않아 나는 알지 못했다.

어느 날 사위가 또 찾아왔는데 내 앞에서 눈물을 뚝뚝 흘렸다. "무슨 일 있냐?"고 걱정돼서 물어보니 "재선이가 자기를 '찼다'"는 것이다. 나는 그제야 둘이 사귀는 것을 알았다. 들어보니 그게 처음 차인 것도 아니었다. 사위는 일편단심으로 재선이를 바라보고, 딸은 그 마음을 받아주는 듯하다가도 사소한 일 하나로 벽을 치고 그런 일들이 반복되는 상황이었다.

재선이는 성격이 까칠하고 직선적이다. 반면 사위는 순하고 얌전하다. 거기에다 처음부터 학교 후배로 만난 사이다 보니 재선이가 사위를 좀 만만하게 대하는 것 같았다. 아무튼 내 입장에서는 둘 사이가 무슨 소꿉장난을 하는 것처럼 재미있게 보였다.

"얘, 고년이 나쁜 년이다. 너처럼 성실하고 공부도 잘하는 장학생이 뭐가 모자라 그런 깍쟁이한테 매달려. 그냥 다른 좋은 여자애 사귀어."

위로랍시고 나는 그런 말로 사위를 다독거렸다. 사위는 그 후에도 변함없이 떡 한 봉지를 들고 우리 집을 찾아왔다. 와서는 그림 작업하고 내 옆

가족모임으로 온가족 총출동

에 우두커니 앉아 있는 모습이 안쓰럽기도 하고 귀여워 보이기도 하고 그랬다. 그후 재영이는 호주로 어학연수를 떠났다. 학문과 일을 얼마나 성실하고 열심히 했는지 농장주가 놓아주질 않았단다.

그렇게 시간이 흘러 재선이가 귀국할 날이 가까워졌다. 나는 국제전화를 걸어 "사귀는 남자 있느냐?"고 은근히 한번 물어보았다. "없다"고 했다. 그래서 콕 집어 바로 물어보았다.

"재영이가 너 좋아하는 거 같던데 남자로 어떻게 생각하니? 생각해 봐라. 성실하고 공부도 잘하고 요즘 그만한 사람 어디 있니? 결혼 상대자로 가장 중요한 건 성실함이다. 아빠도 시골 사람으로 매너나 재미는 없었지만 가족을 끔찍이 여겼고, 사회생활에서도 성실함 하나로 성공하셨지 않느냐?"

내가 진심인 것을 알자 재선이는 생각해 보겠다고 한발 물러섰다. 그러면서 3개월만 시간을 달라고 했다. 나는 더 이상 말하지 않고 기다렸다. 그로부터 3개월 후, 마침내 재선이가 마음을 정했다. 엄마가 얼마나 많이 생각하셨을지 안다. 엄마를 믿고 그냥 엄마 뜻에 따르겠다고 했다. 나는 그때부터 결혼 준비에 들어갔다.

귀국하기도 전에 나 혼자 결혼 준비를 다 했고, 한국에 돌아온 지 석 달 만에 결혼식을 올렸다.

결혼 전에 에피소드가 하나 있다. 부모 상견례를 하느라 사위 쪽 부모를 처음 만난 자리에서였다. 사위 어머니가 이 결혼을 반대한다고 뜻밖의 말을 했다. 이유는 간단했다. 그동안 우리 딸이 사위와 여러 번 절교하며 애태웠던 걸 알고 계신 모양이었다. "재선이가 자기 아들을 너무 가볍게

청향의석, 34×34cm

보고 무시하는 것 같다, 결혼 후에도 그러면 어떡하느냐?"는 말씀이었다.

무슨 변명을 하겠나. 나는 "죄송하다"고 깊이 사과드렸다.

"학교 후배다 보니 딸이 좀 편하게 대해서 그랬을 거다, 딸도 그렇고 우리 가족이 교양 없는 집안이 아니다, 나도 아이들도 다 재영이를 좋아한다"며 "결혼 후에는 절대 그런 일 없을 것"이라고 간곡히 설명하여 겨우 어머니 마음을 가라앉힐 수 있었다. 지금 생각하면 내가 누구를 변호했는지 모르겠다. 그 자리에서 가장 당황한 사람은 사위였다. 자기 어머니 말에 어쩔 줄 몰라 하는 사위를 보면서 나는 딸보다 오히려 사위를 더 걱정했던 것도 같다.

이런 파란만장함을 치르고 결혼했으니 내가 사위에 대해 모르는 게 없다. 아들처럼 다 익숙하고 대견하기만 하다. 사위 역시 나를 자기 부모만큼이나 편하고 친근하게 대한다.

사위를 보면 고인인 장인을 닮았다는 생각이 든다. 성실함, 노력하는 자세, 근검절약, 아내와 집안을 가장 소중히 생각하는 가정적인 면이 장인을 쏙 빼닮았다.

남편이 살아 계셨다면 당연히 사위를 마음에 들어 했을 것이다. 안 봐도 훤하게 떠오르는 그림이 있다. 술 좋아하고 말하기 좋아하는 남편이 사위와 밤 이슥토록 마주 앉아 술잔을 기울이는 풍경이다. "아이고, 사위 좀 쉬게 해 주세요" 내가 잔소리하기 전까지 사위를 놓아주지 않았으리라.

대한민국미술대전 특선 작품

자등춘색(紫藤春色), 135×64cm

손주들 자랑 좀 하겠습니다

2008년에 첫 손주를 보았다. 가장 먼저 남편 생각이 났다. 생애 첫 손주를 보면서 덩실덩실 춤이라도 추었을 남편 모습이 눈에 선했다.

내 마음이야 말해 무엇하랴. 내리사랑이라는 게 이런 거구나. 자식을 낳았을 때와는 또 다른 감격으로 가슴이 뭉클했다. 이 천사는 어느 별에 있다가 우리에게 왔을까. 신비로운 감정마저 들어 아이의 얼굴을 보고 또 보고 했다.

큰딸 민선이를 낳았을 때 작명가에게 이름을 받아 왔었는데, 그때를 생각하며 철학관에 가서 손주 이름을 받았다. 작명가가 몇 개의 이름을 추천했는데 그중에 '박준후'라는 이름을 선택했다. 준걸할 준에 후덕할 후다. 집안에 돌림자가 있지만 신경 쓰지 않았다. 우리 집 막내 세용이를 낳았을 때도 남편은 돌림자 무시하고 직접 이름을 지었다.

3년 후 이번엔 손녀를 안았다. 그리고 또 3년 후 셋째 손자가 나왔다.

손주들 3남매
(첫째, 셋째, 둘째)

손자 준후 4살 어린시절

키우기 적당한 3년 간격으로 우리 집에 세 명의 가족이 늘었다. 손주들이 하나 태어날 때마다 집안에 새로운 활기가 생겼다.

며느리가 막내를 임신했을 때 기념으로 괌에 여행을 갔다. 그때 한 식당에서 즉석요리를 먹었는데 준후가 우리 앞에서 요리하고 있는 셰프를 스케치했다. 준후는 일찍부터 그림에 소질을 보여 늘 스케치북을 갖고 다니다가 뭔가 새로운 사물을 보면 바로 스케치를 했다. 그때도 당연한 듯

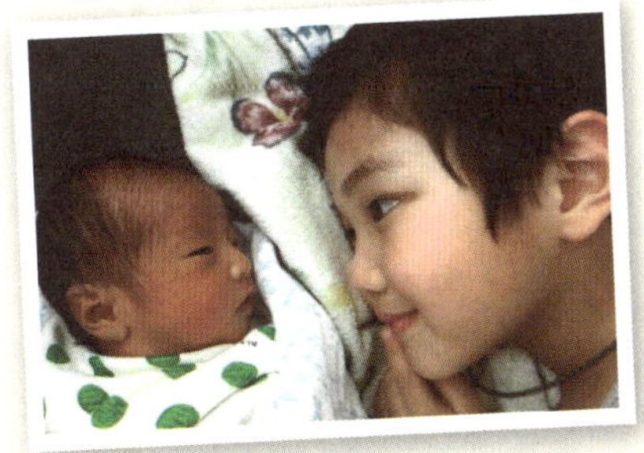

이 쓱쓱 셰프를 그렸는데, 완성된 그림을 건네받은 셰프는 매우 감동받은 표정으로 여러 번이나 OK! OK! 하면서 엄지를 세웠다. 그때 준후의 나이 고작 일곱 살이었다.

준후는 그 어린 나이 때도 장남다운 모습을 보이며 동생들을 챙겼다. 애답지 않게 준법정신이 투철하고 가족에 대한 사랑도 남달랐다. 할아버지가 그런 사람이었고 아들 세용이도 그랬는데 그 좋은 유전자가 손주에게 고스란히 이어진 것이다.

어느 날 중학생인 준후와 초등학생이던 둘째 이후를 데리고 어시장에 갔다 올 때였다. 뒷자리에 앉아 있던 준후가 느닷없이 "할머니, 할머니가 구십 살 되시면 제가 장가를 가서 증손자를 안겨 드릴게요." 하고 말했다.

이런 것까지 지 아버지를 닮네. 고작 중학생인 아이가 장가를 가 자식 낳는 이야기를 하고 있는 게 재미있었다.

"준후야, 장가가는 것이 능사가 아니

야. 식솔을 먹여 살릴 능력이 있어야 하는 거야."

내가 슬쩍 한마디 했더니

"할머니 걱정마세요. 저는요 대학원을 졸업하고 취직부터 할 거예요. 그리고 주말에도 아르바이트를 해서 돈을 벌어 집부터 살 거예요. 그 다음에 결혼을 하고, 박사 코스를 밟을 거예요."

'얘 봐라', 속으로 놀랐다. 생각나는 대로 쉽게 말하는 것 같으면서도 자기 나름의 계획을 다 갖고 있었다. 나중에야 어찌 될지 몰라도 중학생 아이가 그런 포부를 얘기한다는 게 대견했다.

그러자 옆에서 듣고 있던 막내손자 이후가 말했다.

"아냐! 나는 주중에는 놀고 주말에만 일할 거야,"

이후의 당돌한 말에 준후가 충고했다.

"이후야, 너 그러면 집을 살 수가 없어. 집을 사려면 열심히 일해야 돼."

그러자 이후가 한술 더 떠서 바로 받아쳤다.

"아냐! 집을 왜 사? 아빠와 엄마랑 살면 되지."

'이후 이놈도 보통 아니네'. 나는 운전하면서 한참 웃었다. 준후가 장남답게 진중하다면 이후는 막내답게 눈치 빠르면서 영특하다. 그러고 보면 이후는 형과 누나가 하는 일을 가만히 관망하다가 자기 나름대로 판단하고 움직이는 타입이다.

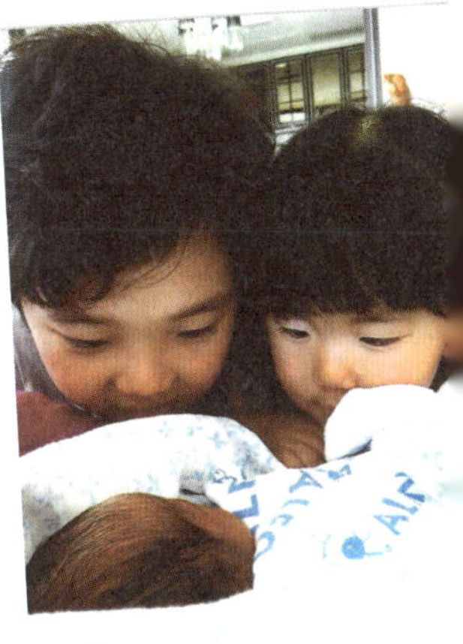

갓 태어난 막내 동생을 바라보는 남매

한번은 준후가 큰고모에게 주식에 대해 알고 싶다고 가르쳐 달라고 했다. 고모는 "인터넷으로 알아보마" 하고는 얼마 후 적당한 책을 사서 조카에게 주었다.

그러고 한 달쯤 지나선가 준후에게 물어보았다.

"너 주식 공부 한다더니 잘 되고 있니?"

손자의 대답이 뜻밖이었다.

"할머니, 주식은 부메랑 같은 거예요. 할 게 못 되더라구요."

나는 순간 마음이 놓였다. 어린 나이에 주식에 관심을 갖는 것이 기특하면서도 좀 걱정됐었는데 자기 나름의 기준을 갖고 있는 것 같아 다행스러웠다.

둘째 손녀인 은후는 어느 날 식당에서 밥을 먹다가 갑자기 내 귀에 대고 속삭였다.

"할머니, 오빠는 꿈이 있는데 저는 아직 꿈이 없어요. 그래서 말인데요, 혹시 나중에 고모가 하시는 편의점 하나 받을 수 있을까요?"

놀랍기도 하고, 장래를 고민하는 손녀딸이 예쁘기만 했다. 더 크면 자기대로 하고 싶은 일이 생기겠지만 당장은 무조건 격려를 해주고 싶었다.

"그러엄, 너만 잘하면 받을 수 있어."

"어떻게 하는 게 잘하는 거예요?"

"학생 때는 우선 공부를 열심히 하고, 부모님 말씀 잘 듣고, 형제간에 잘 지내면서 바른 생활을 하면 되지." 그랬더니 손녀는 "알겠습니다." 했다. 나는 장래를 설계하는 손녀딸이 대견스러웠다.

은후는 할머니의 꼰대스러운 말을 조용히 경청하더니 "네, 그런 거라면 잘할 수 있어요." 자신 있게 대답했다. 그러자 맞은편에 앉아 있던 막내 이후가 질 수 없다는 듯 얼른 말한다. "할머니, 저도 그래요."

나는 속으로 생각했다. '경제 관념도 유전되나!' 남편도 나도 돈 문제에 관한 한 빈틈이 없었다. 가난했을 때도 그랬고 사업이 잘 돼 여유가 생겼을 때도 마찬가지다. 허투루 쓰는 돈이 일절 없었고, 늘 미래를 대비하며 살았다. 그런 철저한 경제 관념이 자식들에 이어 어린 손주들에게서도 고스란히 나타나는 것을 보며 든든하고 안심되었다.

코 흘리던 게 엊그제 같은 손주들이 어느덧 초등학생, 중학생, 고등학생이 되었다. 착하고 바르고, 어린 나이에 벌써 자기 앞가림에 눈이 떠져 있는 이 아이들이 어떻게 성장해갈지 벌써부터 기대가 크다.

전가풍미(田家豊味), 34×33cm

가족 총출동,
춘천 산토리니 여행

전가추색(田家秋色), 35×41cm

일 년에 한두 번은 꼭 가족여행을 한다. 여행은 우리 가족의 단합대회다. 주변에 보면 가족이라고 무조건 가까운 건 아니다. 밖에서 남들과는 쉽게 친해지면서 가족하고는 말도 잘 안 하고 데면데면한 사람도 많다. 사랑에도 기술이 필요하고 노력이 필요하다. 우리 가족의 여행은 단순히 놀러 가는 게 아니라 평소에 못한 속이야기를 나누며 서로에 대한 사랑을 충만하게 확인하는 시간이다.

며느리가 막내를 낳고 춘천으로 가족여행을 떠났다. 모두 아홉 명이었다. 첫 목적지는 산토

풍미(豊味), 34×34cm

리니 카페였다. 산토리니는 그리스의 유명한 관광지다. 지중해가 내려다 보이는 해안가 언덕에 예쁜 건물들이 옹기종기 자리 잡은 곳으로 사시사철 관광객이 끊이지 않는 곳이다. 춘천 산토리니 카페는 그런 이국적인 정취를 잘 담아낸 곳이라 하여 가보고 싶었다. 소개 글에는 이탈리아의 유명한 요리학교 출신으로 미슐랭 레스토랑에서 근무한 오너 세프가 직접 운영한다고 소개돼 있었다.

카페에 도착하니 사람들이 많이 찾는 곳답게 주차장이 넓었고 이미 많은 차량들이 주차돼 있었다. 카페는 유럽풍의 하얀색 건물이었는데 실내가 정갈하고 세련된 분위기였다. 카페 앞으로는 탁 트인 광장에 햇살이 맑게 쏟아지고 있었다. 광장 저만치 예술적 조형미가 느껴지는 종탑이 보였는데 사진 찍기 좋은 장소라는 생각이 가장 먼저 들었다. 커피를 마시고 주변 산책할 때 종탑에 가보았더니 아니나 다를까 사진 찍으려는 사람들이 줄을 서 기다리고 있었다.

삼남매의 산토리니에서의
즐거운 한때

요즘 핫하게 뜨는 곳이라는 김가네 빵집도 갔다. 이곳 역시 인테리어에 공을 들인 게 느껴졌다. 진열돼 있는 빵과 케이크가 얼마나 다양한지 감탄스러웠다. 가지런히 진열돼 있는 각종 빵들이 금은방에 보석이 진열돼 있듯 하나같이 예쁘고 고급스러워 보였다.

김유정역으로 가서 레일바이크도 즐겼다. 제법 긴 거리였는데 철로 주변에 연속적으로 펼쳐지는 시골 풍경과 북한강을 보고 있으니 마치 그림 속에 들어와 있는 것만 같았다. 여행마다 인상적인 기억이 있기 마련인데 이번 여행의 특징은 '동화스러움'이었다. 가는 곳마다 동화책의 삽화 같은 예쁘고 사랑스러운 것들이 많았다.

숙소는 산타마리아 펜션이었다. 펜션에 도착했을 때 손자 준후가 차에서 먼저 내리면서 말했다.

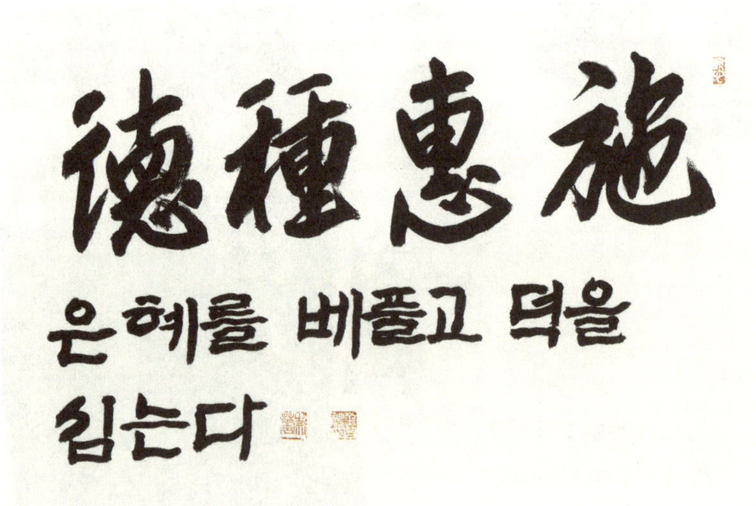

시혜종덕(施惠種德), 33×53cm

"할머니 제가 먼저 둘러볼게요."

"왜? 뭘 둘러보려고."

"전에 우리 가족이 괌에 갔을 때는 3박 4일 호텔비가 70만 원이었잖아요. 그런데 여긴 하룻밤 자는데 70만 원이라니 너무 비싼 것 같아서요. 그만한 가치가 있는지 제가 한번 보려구요."

아이고, 누구 손자 아니랄까 봐. 여덟 살 어린아이가 숙소 비용을 걱정해 먼저 살펴보겠다는 게 기특하면서도 웃음이 나왔다. 준후는 얼른 뛰어 들어갔다 오더니 "할머니, 그만한 가치가 있네요." 하면서 활짝 웃었다. 준후의 허락(?)이 떨어져 우리는 안심하고 펜션으로 들어갔다.

짐을 풀고 난 후 아들과 사위 둘이 야외에 바비큐 파티를 준비했다. 풍성한 저녁 식사를 마치고 거실에 모두 둘러앉았다. 한참 이야기꽃을 피우고 난 다음 가족음악회를 열었다. 아들과 사위와 손주는 기타, 나는 색소폰을 연주했다. 밤이 이슥하도록 웃음과 대화가 끊이지 않았다. 일상의 피로가 다 씻기는 꿀 같은 시간이었다.

가족음악회 중 아빠는 기타를 치고…

재선이의 거듭된 시련

둘째 딸 재선이는 아이를 낳지 못했다. 부부 금슬이 좋은 데다 각자 적성에 맞는 회사에 다니며 능력도 잘 살리고 있건만 아쉬운 점 하나가 자식이 없다는 것이다.

임신까지는 문제가 없다. 그런데 이상하게 금방 자연유산이 되고는 했다. 특별한 병이 있는 것도 아니고 생활환경이 나쁘지도 않은데 연달아 유산이 되니 아이들 마음고생이 많았다.

나중에는 시험관 시술도 했다. 그런데 어렵게 마음먹고 시작한 그것도 뜻대로 되지 않았다. 착상이 되었다가도 실패로 끝나기가 반복되었다. 그 과정이 매우 섬세하면서도 지루해서 한 번 할 때마다 살이 쪽 빠지게 애를 태우곤 했다.

"너무 애쓰지 마라. 결과가 어떻든 다 운명 아니겠니."

나로선 따뜻하게 위로하는 것밖엔 할 말이 없었다.

그런 와중에 덜컥 또 다른 시련이 왔다. 하루는 딸 부부가 집에 왔는데 사위가 "어머니!" 대뜸 무릎을 꿇고는 눈물을 뚝뚝 흘렸다. 내가 다리 수술을 했던 즈음이었다. "왜 그래? 무슨 일 있어?" 사위는 다급하게 묻는 내 말에도 한참이나 말이 없다가 겨우 입을 열었다. 재선이가 유방암에 걸렸다는 것이다.

하늘이 무너지는 것 같았다. 한 순간 정말 눈앞이 캄캄해지며 아무것도 보이지 않았다. 사위는 펑펑 우는데 재선이는 고개만 푹 숙인 채 아무 말도 하지 않았다. 그 모습이 너무 안쓰러웠다. 늘 쾌활하고 어떤 경우에도 씩씩하게 말하던 딸이 죄지은 사람마냥 기죽어 있으니 가슴이 미어졌다.

그 일로 집안 전체가 암울해졌다. 당시에 나는 칠십 나이로 고희(개인)전을 준비하고 있었다. 출품할 그림들에 막바지 작업이 한창

춘도매변천리심(春到梅邊千里心), 170×37cm

세월(歲月), 34×33cm

살아보니
설레임도 줄고
감동도 줄고
웃음도 줄고
즐거움도 줄고
만남도 줄고
미움도 줄고
욕심도 줄더라
숭화 그리고 쓰다

고희를 맞아 특별히 마련한 문인화 전시회 개막식

이었는데 붓이 손에 잡히지를 않았다. 전시회는 일종의 축제라 할 수 있는데 딸이 큰 병에 걸린 마당에 무슨 축제를 벌이겠는가. 그렇다고 전시장 대여와 도록 작업까지 마친 데다 주변에도 다 알린 상태여서 갑자기 무산시키기도 어려웠다. 결국 슬픔을 안고 전시회를 열었다.

딸은 딸대로 나에게 미안해했지만 어디 그게 딸이 미안해할 일인가. 부모로서 나는 잘못한 게 없는지, 딸이 어릴 때 몇 번 잔병치레 했던 것까지 떠올리면서 내가 무심했던 건 없는지 돌아보기도 했다.

상황이 그렇게 되니 딸 부부의 시험관 시술은 중단할 수밖에 없었다. 부부가 깊이 낙심하고 있어 나의 아쉬움은 표현할 수도 없었다.

그런 가운데 딸이 수술에 들어갔다. 서울대학병원에서 수술했는데 다행이라면 항암제 맞는 단계까지는 가지 않고 방사선 치료만으로 치료를 진행할 수 있었다. 일 년 정도 꾸준히 치료했던 것 같다.

다행히 수술 결과는 좋았고 방사선 치료도 별 탈 없이 진행되었다. 그리고 작년, 수술한 지 10년이 경과한 시점에서 완치 판정이 내려졌다.

'하느님 감사합니다!'

화려한 외출, 57.5×45cm

당신을 보내고 22년 우리의 삶

가족에게 사랑받고 사회에서 인정받으며 인생의 황금시대를 맞이한 시점에서 돌연 하늘나라의 부름을 받고 떠나신 당신!

안타까움에 몸부림치며 울부짖던 그때가 엊그제 같은데 벌써 강산이 두 번이나 변했군요.

당신이 떠났어도 저와 우리 아이들은 당신이 우리와 함께 있다고 믿습니다. 우리가 어떤 선택을 하고 어떤 결정을 하든 거기엔 당신의 뜻이 함께합니다. 당신이 생전에 하시던 말씀과 가치관을 알기에, 당신이라면 어떻게 했을까를 생각하며 우리가 해야 할 바를 돌아봅니다.

여전히 그립고 허전하지만 슬퍼하지는 않습니다. 당신이 좋은 곳에서 잘 지내고 있으리라 믿기 때문입니다. 지상에서나 하늘에서나 당신은 당신을 아는 모든 이들에게 사랑받을 것이라 믿어 의심치 않습니다.

生前의 남편을 중심으로 두 딸과 함께(독일에서)

당신이 안 계시는 그 긴 세월 참으로 많은 변화가 있었습니다. 힘겨울 때도 많았습니다. 그러나 우리가 함께했던 시간 속에서 배운 것, 그리고 살아온 세월이 가르쳐 준 지혜로 참고 견딜 수 있었습니다.

'아, 지금 제 옆에 당신이 계신다면 좀 더 성숙하고 발전을 거듭하였을 텐데' 하는 생각을 해 봅니다.

손자 손녀들이 성숙해가는 모습이나 언행에 일치를 보이는 모습을 볼 때마다 당신이 남긴 정신적 유산이 우리 모두에게 면면히 흐르고 있음을 느낍니다. 아이들 모두 언어능력과 손재주가 좋고 공부도 아주 잘한 답니다. 또 아직은 어린 나이들임에도 분명한 주관으로 미래를 설계하고 꿈을 키우는 것을 보면서 '어쩜 이리도 할아버지를 닮았을까' 대견합니다.

당신도 하늘에서 내려다보며 미소 지으시지요?

나는 당신에게 배운 지혜로 아이들과 소통을 잘하고 있어요. 내가 때때로 인정이 과해 당신의 마음을 상하게 한 적도 적지 않았는데 지금은 그

모든 것이 축복의 부메랑으로 돌아와 매사 감사하는 마음으로 잘 살고 있습니다.

우리 아이들은 아빠에게 많이 감사하면서 자기들이 부모에게 얼마나 많은 것을 받았는지 말하곤 한답니다. 큰딸이 결혼을 안 해서 안타깝지만 당신 대신 제 옆에서 효녀로 살고 있어요. 민선이는 어려서 엄마 속태운 것을 지금 다 갚는다고 해요. 아빠를 존경하고 아빠의 사업 방식을 따라 현명하고 당차게 사업 잘하고 있으니 아무 걱정하지 마세요.

그래도 살다 보면 힘든 문제는 생기게 마련이고, 저는 그럴 때 가장 가슴이 아픕니다. 당신이 옆에 있다면 그때마다 '가장 지혜로운 길을 알려줄 텐데, 다 잘 될 거라고 미소 지으며 내 등을 쓰다듬어 줄 텐데' 하는 생각을 하곤 합니다.

어른이 된다는 건 정말 어려운 것 같아요. 팔십이 되어가는 나이에도 여전히 부족하고 모르는 게 많다는 걸 자주 느낍니다. 그럼에도 늘 당신을 생각하면서 굳건히 살아왔어요. 그 모든 게 당신이 우리 마음에 살아 있기 때문입니다.

당신이 하던 말들, 당신의 호탕한 웃음소리, 씩씩하게 대문을 들어서던 당신의 발걸음 소리, 무엇 하나 잊지 않고 생생히 기억합니다.

사랑합니다. 고맙습니다. 지금처럼 우리를 늘 지켜주시고 함께 해주세요. 언제까지고 당신을 기억하겠습니다. 나의 모든 것이었던 그대여, 하늘에서 영원한 안식을 누리소서.

파초(芭蕉), 47×35cm

전가풍미(田家豊味), 34×34cm

제 3 부

풍남, 우리의 찬란했었던 시절

나는 풍남의 회장이면서 찬모였다

남편과의 동반

당신 어디서 살고 싶어요?

국내 최초로 스크린 바스켓 개발

국세청 직원도 감탄한 회사

나라 사랑 가족 사랑의 박노광

나는 풍남의 회장이면서 찬모였다

남편은 해외 기계전시회에 갈 일이 있으면 나를 꼭 동반했다. 가서는 전시된 기계들을 보면서 연신 감탄을 쏟아냈다.

"야, 이거 대단한데! 굉장하죠, 여보?"

그렇게 꼼꼼히 살펴보다가 정말 마음에 드는 기계 앞에 이르면 표정이 또 달라진다. 오래 헤어져 있던 가족이라도 만난 듯하다.

"이 기계는 우리 공장에 꼭 필요할 것 같은데, 이게 있으면 사업에 큰 도움이 될 거야."

혼잣말처럼 말하지만 남편이 이미 그것을 점찍었다는 것을 나는 안다. 그리고 그 기계가 공장에 꼭 필요하기에 선택했으리라는 것도.

그 마음을 알지만 나는 조심스럽게 한 마디 건네지 않을 수 없다.

"이걸 꼭 사셔야만 돼요? 비싸 보이는데……"

"있으면 좋지요. 아니, 꼭 있어야 돼요."

본사를 방문한 귀빈들과 함께
(왼쪽에서 두 번째가 카리 사장,
중앙이 CAE 부회장, 맨 오른쪽이
동방물산 김봉수 사장)

하와이 가족 여행

"꼭 필요하다면 사야지요 뭐."

남편은 그렇게 여러 단계를 거치며 내 허락을 받아내곤 했다. 일방적으로 결정하지 않고 자연스럽게 나의 동의를 얻어냈지만 내가 정말 반대하면 강행하지는 않았다. 남편은 늘 나의 의견을 존중했고, 나는 남편을 전적으로 믿으면서도 한 걸음 떨어져서 내 몫의 견제 역할을 하려고 노력했다.

나는 풍남의 성공이 그처럼 우리 둘이 늘 합의하면서 일을 처리했기에 가능했다고 생각한다.

결실(結實), 34×33cm

남편이 사업을 시작할 때 우리 부부가 세운 원칙 가운데 하나가 약속은 반드시 지키자는 것이었다. 납품일 같은 것은 물론이고 무슨 일이든 시간 약속을 하면 가서 기다리게 되더라도 미리 가 있으라고 했다.

그중에서도 내가 무엇보다도 철저하게 지키라고 부탁한 것은 돈 약속이었다.

"사람들이 외상이나 물건값을 받으러 오면 보통 '다음에 오세요. 오늘은 없으니까' 하고 몇 번 씩 허탕 치게 만드는 거, 저는 너무 마음에 안 들어요. 우리는 아무리 힘들더라도 그러지 맙시다. 작은 돈이라도 약속은 꼭 지키세요."

업무를 마치고 카리 사장(左), 까롤로 영업부장(右)과 제주도 여행

돈 약속을 받은 사람은 기대를 걸고 찾아온다. 돈을 받으면 어디에 쓸지도 정해놓았을 것이다. 그런데 이쪽에서 약속을 어기면 돌아가는 길에 욕이 나온다. 반면 약속을 지키면 자기가 받을 돈을 받은 것이어도 고맙다는 마음이 든다. 누군가로부터 고맙다는 마음을 받게 되면 안 될 일도 되지만, 욕을 먹으면 되는 일이 없는 게 세상의 이치다.

그래서 나는 감히 남편에게 이렇게 선언하였다.

"여보, 내가 돈은 얼마든지 얻어댈 테니 약속은 꼭 지키세요. 알았죠?"

돈을 얼마든지 얻어대다니……. 어찌 그리 무모한 다짐을 했을까. 나야말로 남편에게 한 그 약속을 지키느라 얼마나 힘들었는지 모른다.

그동안 나는 언제 어디에서든 말과 행동을 일치시키려고 무척 애를 써왔다. 하루종일 온갖 일에 매달리고 이런저런 봉사활동까지 하고 살면서

죽우청향(竹友淸香), 91×140cm

캐나다 중이회 모임 여행(1991.9)

도 내가 결코 잊지 않는 날이 이자를 내는 날짜였다. 이자 날짜가 다가오면 행여 잊어버리기라도 할까 봐 하루나 이틀 전에 갖다 주기도 했고, 밤에 불쑥 생각이 나면 자다가도 일어나서 갖다 주었다. 그렇다고 늘 가진 돈이 있어서 그런 것도 아니고, 윗돌 빼서 아랫돌 괴는 식이어서 보통 피를 말리는 일이 아니었다.

그렇게 신뢰를 쌓으며 산 덕분인지 돈에 대해 아쉬운 얘기를 하면 주변에서 아무 소리 없이 바로 빌려주었다. 나중에는 내가 한동안 돈을 빌려 달라고 하지 않으면 사람들이 나에게 먼저 "루시아 돈 안 써?" 하고 묻고는 했다.

나는 돈을 꿀 때면 '이제 앞으로 절대 남의 돈 안 꾸어야지' 하고 결심하곤 했다. 매번 그런 다짐을 하면서도 나중에는 동서의 돈까지 얻어다 주었다. 다행히 지금까지 남의 돈을 빌려서 실수한 적은 한 번도 없다.

직원이 늘어나면서 공장 안에 직원식당을 만들었다. 식당이 생기면서 김치, 깻잎, 콩자반, 멸치볶음 같은 밑반찬을 만들어 대는 일이 나에게 주어졌다. 그 많은 인원에게 하루 두세 끼분의 반찬을 제공해야 하니 밑반찬을 해보내야 하는 것은 보통 일이 아니었다. 그래서 창설(?)된 것이 '풍남김치부대'였다.

김치부대의 핵심요원들은 우리 부부가 천주교 입교를 시킨 대녀들이었다. 거기에다 심곡동에서 친하게 된 교우들과 동네 사람들까지 합세하여 열댓 명 되는 분들이 김치를 비롯한 밑반찬을 해댔다.

나는 그분들에게 일만 시키는 것이 아니고 맛있는 것을 이것저것 만들고 사서 제공했다. 잘 먹고 잘 놀면서도 음식 솜씨들도 좋고 손이 재빨라서 항상 즐겁게 일을 했다. 마늘이나 고추도 까고 다듬고 빻아서 공장 식당으로 보냈다. 품질은 항상 최상급이었다. 우리 가족이 먹고, 부대원들이 먹고, 내 식구처럼 생각하는 직원들이 먹는 것이기 때문이었다.

내 여동생 부부도 풍남에 취직을 시켰다. 가진 기술이 다양하고 재주는 많은데 이것저것 하다가 실패만 거듭하던 제부는 공장 일에 바로 투입되었고, 조리사 자격증이 있는 동생은 식당일을 책임지게 되었다.

밑반찬 대는 일이 너무나 힘들었지만 항상 즐거운 마음으로 재미있게 일을 했다. 남편도 그런 뒷바라지에 힘입어 영업활동에 총력을 기울였고, 풍남기계는 순풍에 돛을 단 듯 발전에 발전을 거듭했다.

늙거들랑
늙은이가 되거들랑 설치지마소
그리고 군소리랑 아예마소
묻거들랑 가르쳐주기는 해도
알고도 모르는척 어수룩하소
그렇게 사는게 편안하다오
갑진년 가을 송화

천금, 34×33cm

남편과의 동반

남편이 1988년 연세대 산업대학원 고위자 과정을 다닐 때, 우리 부부는 나란히 등·하교를 하였고 같이 앉아서 수업을 들었다. 부부동반이 그곳의 규칙이었기 때문이다.

1년 과정을 무사히 마치고 1989년에 소위 '졸업여행'을 제주도로 갔다. 그게 아마 우리 부부가 본격적으로 여행을 다니게 된 시작이었다. 그 전까지는 남편은 사업에 집중하느라, 나는 아이들 키우랴, 봉사활동 다니랴 항상 바쁘게만 살았지 다른 여유를 갖지 못했다.

제주도 여행은 지금도 모든 시간이 눈에 선히 남아 있다.

부부동반으로 1백 명쯤 되는 대규모 단체여행이었는데도 다양한 분들과 친해질 수 있어서 너무 좋았다. 그때 한라산 등반도 했는데 우리는 올라갈 때도 맨 꼴찌, 내려올 때도 맨 꼴찌였다. 그때까지 아이들 뒤치다꺼리에 치어 운동은 아예 생각도 못하고 살아왔던 것이다. 그래서 그때를

1998년 11월 코엑스에서 열린 환경제지전시회의 풍남스크린 전시 부스

계기로 새벽에 일어나 둘이 손잡고 산에 다니며 운동을 하기 시작했다.

금성협의회에 가입한 다음부터는 산업시찰 명목으로 1년에 한 번은 반드시 해외여행을 갔다. 사장님들만 갈 때도 있었지만 대개는 부부동반이었다.

나는 그 무렵에 비로소 외국 문화를 접하게 되었고, 세상을 넓게 보고 살아야겠다는 안목을 키우게 되었다. 애들까지 떼어놓고 어렵게 가는 여행인데 그냥 둘러만 보고 오는 일회성으로 끝내고 싶지 않아 밤마다 그날의 감상과 느낀 점들을 일지에 쓰곤 하였다.

여행을 다니는 것이 우리 부부에게는 유일한 휴식이었다. 남편이 아무 일도 하지 않은 채 하루를 쉬어보는 게 소원이었는데 돌아보면 평생 그래 보지 못했다.

여행이란 건 사실 갈 때야 기대가 크지만 막상 떠나면 고생이 시작된

산업대학원 송년모임(1997)

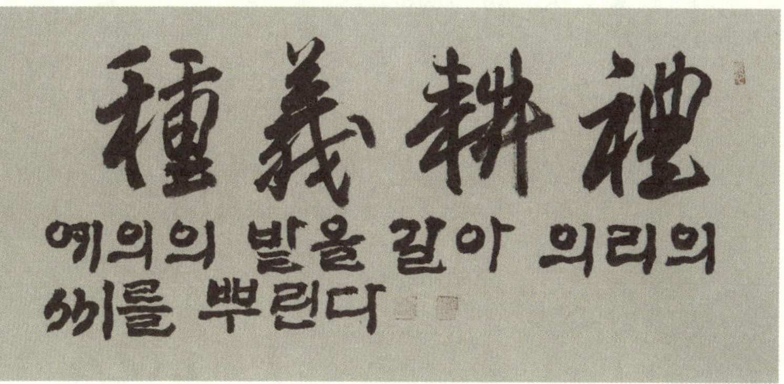

예경의종(禮耕義種), 31×68cm

월야추색도(月夜秋色圖), 71×35.5cm

다. 하지만 나한테는 적어도 두 가지만은 분명한 행복이었다.

첫째는 책을 읽거나 사색을 할 수 있다는 점이다. 집에 있을 때는 늘 바빠서 그런 짬을 내지 못했다. 그래서 여행 때마다 책을 몇 권씩 가져가서 독서삼매경에 빠지곤 했다.

또 하나의 행복은 비행기나 버스로 장시간 이동할 때 잠을 푹 잘 수 있다는 것이다. 평소 집에서는 길어야 5시간, 일이 많을 때는 한두 시간밖에 못 자는 경우가 많았다. 그래서 나에게 여행은 평소 부족하던 수면을 보충해 주는 시간이었다.

가전충효(家傳忠孝), 33×60cm

당신 어디서 살고 싶어요?

의정부 살 때 민선이를 안고 인천 자유공원에 나들이 간 적이 있다. 그날 신포시장에서 초밥을 맛있게 먹었다.

"여보, 오늘은 당신 좋아하는 일식 사드릴게요."

남편은 그날 호기롭게 돈을 썼는데, 나는 오랜만의 외출에 들뜨고 고마워서 아무런 이의를 제기하지 않고 그냥 따라갔다. 그런데 고추냉이를 너무 많이 친 건지 5천 원이라는 돈이 아까워서 그랬는지 그만 배탈이 나고 말았던 기억이 난다.

그날의 기억 또 하나는 자유공원에서 내려다보이는 좋은 집들이 참 부러웠던 일이다. 내 눈에는 하나같이 으리으리하게만 보여 저런 집에는 어떤 사람들이 살까 궁금했었다.

그때로부터 20년이 흘러 부천에 살고 있던 어느 날, 남편이 나에게 물었다.

풍류부귀(風流富貴), 170×37cm

"당신, 아이들 키우고 뒷바라지하느라 고생하셨으니 내가 선물을 줄게요. 당신 어디서 살고 싶으세요?"

나한테 집을 사주겠다는 말이었다. 그래서 나는 서슴없이 말했다.

"자유공원이요!"

당시 남편은 부천에서 남동공단까지 출퇴근하면서 심한 교통체증에 2시간씩 걸려 애를 먹고 있었다. 나는 나의 꿈도 꿈이지만 남편이 회사와 조금이라도 가까워졌으면 싶어 자유공원 근처를 말했던 것이다.

그날 우리는 함께 자유공원 근처를 답사해 보았다. 남편이 고개를 저었다.

"여보, 우리 애들이 아직 학생인데 여기는 애들 다니기에는 좀 아닌 것 같아요. 옛날이나 자유공원이지 지금은 한물갔어요. 송도 어떠세요"

"송도요? 송도는 시골인데……."

내 기억에 송도는 시골로만 기억돼 이미지가 별로였다.

"한번 가보기나 합시다."

"그래요 그럼."

그렇게 바로 송도로 이동했는데, 막상 가보니 바다가 보이고 산도 있었고, 무엇보다 회사가 10분 거리에 있으니 여러모로 딱인 것 같았다.

"여보, 여기 너무 마음에 들어요."

그렇게 해서 집을 짓기 위한 땅을 사러 다니는데 남편은 전망이 괜찮은 곳에 있는 남향을 원했다. 그런데 아무리 다녀봐도 그런 조건에 딱 맞는 땅이 찾아지질 않았다. 결국 남서향이면서 평수도 적지만 바다가 보이고 산도 있으면서 그런대로 전망이 좋은 지금의 우리 집 땅을 사게 되었다.

땅값은 실랑이를 벌이지 않고 달라는 대로 다 주었다. 처음으로 손수

짓는 우리 집에 좋은 기운이 깃들기를 바라는 마음이었다.

지대가 높다 보니 파일을 박고 옹벽을 치는 바람에 오래 걸렸고, 자재는 좋은 것으로만 사용해서 당시 시세의 세 배를 들여 견고하게 지었다.

그때는 노인대학 봉사활동 다니느라 바쁠 때인데 거의 매일 전철과 버스를 갈아타고 와서는 집이 올라가는 것을 지켜보았다. 공사 중에 옆집에서 말이 들어오면 원하는 대로 다 들어주면서 무려 9개월에 걸쳐서 집을 지었다.

1995년 4월 10일에 이사를 했다. 남편의 노래방 18번이 조용필의 '일편단심'인데, 일편단심으로 집을 지어 나에게 헌정한 것이다.

"나는 매일 밤 천국으로 퇴근해요."

그 시절에 남편이 현관에 들어서면서 했던 말이다.

그 해 여름은 가고, 52×70cm

국내 최초로 스크린 바스켓 개발

'스크린 바스켓'이란 종이 만드는 과정에 필요한 기계로, 종이를 만들 원재료 중에서 불순물을 걸러내는 필터 역할을 하는 장치다. 불순물을 얼마나 잘 걸러냈느냐에 따라 종이의 품질이 결정되기 때문에 상당히 중요한 부품이다.

그런데 1988년 그 당시만 해도 그렇게 중요한 스크린 바스켓을 모두 수입에 의존하고 있었다. 기술이 없었기 때문이다. 국산화에 매달리는 사람도 거의 없었다. 제지업계에서는 유명한 최모 교수라는 분이 온갖 어려움 속에서 연구를 하고 있는 거의 유일한 존재였다.

남편은 평소 국내뿐만 아니라 해외에서 열리는 기술전시회에 자주 갔다. 혼자서도 갔지만 나하고도 같이 여러 번 갔는데, 그때마다 스크린 바스켓을 눈여겨보았다. 그이가 제지공장에 있을 때부터 관심을 갖고 있던 분야였기 때문이다.

국내 최초로 개발한 스크린 바스켓

당시 스크린 바스켓을 생산하고 있던 회사는 캐나다의 CAE가 가장 컸고, 미국의 블랙 크라우슨과 독일의 휘슬러 등 3개 회사가 전 세계 스크린 바스켓 시장을 100% 점유하고 있었다. 특수 제품인 데다가 거의 독과점이니 가격은 비쌀 수밖에 없어서 부르는 게 값일 정도였다. 하지만 국내 제지회사 입장에서는 울며 겨자 먹기로 꼬박꼬박 고가에 사서 쓸 수밖에 없었다.

그이는 그 점에 착안했다. 스크린 바스켓을 우리 기술로 만들게 되면 가격도 낮출 수 있을 뿐만 아니라 한국 시장은 물론 아시아, 나아가서는 세계 시장까지 넘볼 수 있을 것이라는 판단이었다.

그때는 풍남기계가 어느 정도 제 궤도에 올랐을 때라 변신이 필요할 때였다. 평소에 '사업을 잘하면 그것이 바로 애국이다'라던 남편의 신념으로는 국산화를 통한 외화 절약이야말로 애국의 지름길이기도 한 것이었다.

귀로(歸路), 35×52cm

남편은 최 교수님을 만나 '스크린 바스켓' 개발에 대한 자신의 의지를 밝혔다. 그리고 연구개발비 전액을 지원하겠다고 약속함으로써 본격적인 개발이 시작되었다. 이우영 교수님도 연구팀에 합류하였다. 지금은 기술교육 분야에서 다섯 손가락 안에 꼽히는 한국기술교육대학교(천안 소재)가 태동하려던 무렵이었는데, 두 분 다 그 대학의 설립 추진에 참여하고 있었다.

박노광이 스크린 바스켓 개발에 나섰다는 소식이 전해지자 제지회사 사람들뿐만 아니라 많은 사람들이 비웃었다.

그도 그럴 것이, 그동안 제지회사들이 많은 돈과 시간을 들여 개발에 나섰지만 성공하지 못했던 것이다, 그런 걸 제지업계에 있는 사람도 아니고 금형을 하는 사람이 개발한다고 나섰으니 백 명이면 백 명 전부가 안 된다고 생각했다. 그이와 친한 몇 몇 분은 적극적으로 말리기까지 하였다.

그러나 남편은 적극적이고 긍정적인 사고의 소유자였다. 그동안 전문가들도 무수히 실패해 왔다는 사실을 잘 알고 있었지만, '해보지도 않고 포기하면 실패하지는 않겠지만 성공 또한 기대할 수 없다'는 것이 그의 기본 행동철학이었다.

주위에서 비웃음과 만류가 심할수록 남편은 스크린 바스켓의 개발에 더욱 매달렸다. 두 분 교수님 또한 남편이 연구개발 지원에 전혀 아무런 조건을 달지 않은 것에 고무되고 감동을 받아 밤잠을 아껴가며 연구에 매달렸다. 만들고 실험해 보고, 만족스럽지 않으면 내던져 버리고 다시 만들었다. 기존의 수입 스크린 바스켓보다 품질이 월등하진 않더라도 최소한 비슷하기는 해야 수입품을 대체할 수 있으니 더욱 그랬다.

스크린 바스켓은 개발을 시작한 지 1년이 지나고 2년이 흘러도 만족할 만한 제품이 나오지 않았다. 그렇게 만들기 어려운 것이니 제지회사에서도 개발을 포기한 것이겠지만, 그래도 남편은 절대 그만둘 생각이 없어 보였다. 한번 무엇엔가 매달리면 끝장을 보는 성격 때문이었다.

시간은 흘러 주위에서 비웃는 사람도 만류하는 사람도 없이 아예 무관심이 되었을 무렵, 연구개발을 시작한 지 3년 만에 드디어 '스크린 바스켓' 국산화 제품이 탄생했다.

시제품을 만들어 실제 실험을 해보고는 만족할 만한 결과를 얻었지만, 그것도 미심쩍어 시제품을 여러 개 만들어 일일이 재실험을 통해 모두 만족스러운 결과를 얻자, 드디어 '스크린 바스켓 개발 국산화 성공'을 선언

和氣致祥

화기가 상서를
이룬다

화기치상(和氣致祥), 30×59cm

하였다.

그날 밤, 술에 만취된 남편이 집에 들어와 나를 껴안고 뽀뽀를 해댔다.

"여보, 나 성공했어! 나, 성공했다구요!"

그리고는 만취했을 때마다 그랬던 것처럼, 엉금엉금 기다시피 하면서 목욕탕으로 들어갔다.

주위에서는 모두가 깜짝 놀랐다. 일개 중소기업인이, 그것도 겨우 3년 만에 개발에 성공했으니 놀라지 않을 수 없었다.

"박 사장! 박 사장이 애국자네!"

"자네 집념에 내가 정말 놀랐네. 아니, 어디 나뿐인가? 대한민국 전체가 모두 놀라고 세계가 깜짝 놀랐어!"

국세청 직원도 감탄한 회사

계약서를 보면 일을 주는 쪽, 그러니까 주체가 되는 쪽이 '갑'이고 일을 받는 쪽은 '을'이다. 풍남은 판매를 해야 하는 제조업체라 잘 나가던 시절에도 계약에서는 늘 을의 입장일 수밖에 없었다.

그러다 보니 남편은 매일같이 술 마시는 걸 피하기가 어려웠다. 술을 좋아하는 사람이었지만 그런 술자리는 참 힘들었을 것이다. '일을 주면서 큰소리를 치고 접대를 받는 갑의 위치가 얼마나 되고 싶었을까. 당장 때려치우고 싶은 적도 얼마나 많았을까.'

남편은 사업이 그 정도로 성장하기까지 피를 말리고 뼈를 깎는 노력을 기울였다. 다행히 결실이 있어서 사업이 한 번도 퇴진하는 일 없이 전진만 했다.

그런데 말이 '뼈를 깎는 노력'이지 옆에서 지켜보면, 사업가의 신분이

매화여고인(梅花如高人), 34×34cm

라는 게 보통 불쌍한 게 아니다. 작은 자영업이든 큰 사업이든 그것을 잘 운영하려고 갖은 애를 쓰는 분들을 보면 진심으로 측은하고 가슴 아프다.

남편도 하루에 많아야 4시간밖에 못 자면서 온 정성을 회사에 다 쏟았다. 끼니를 놓쳐 자기 배는 곯아도 직원들에게 더 좋은 것을 먹이려고 애썼다. 자기 배만 불리면서 살려면 그렇게 힘들게 살지 않는다. 그게 사업하는 사람의 숙명이고 하느님이 정해주신 사명으로 받아들였다.

남편도 월급 받던 시절이 있었지만 그런 의미에서 나는 정말 월급 생활

심추(深秋), 69×34cm

자가 부러웠다. 직장인들은 항상 월급날이 더디 오겠지만 사업가들한테는 화살보다도 빨리 온다. 갖은 애를 써서 월급을 간신히 맞춰놓고 뒤돌아서고 나면, 이미 또 다음 월급날이 내일모레 코앞에 닥쳐와 있는 것이다.

"여보, 당신은 사업을 그렇게 오래 했으면서 돈 1~2억도 못 가져와요?"

나는 가끔 생활비 때문에 투정을 부렸다. 내 생각으로는 어떻게든 돈을 모아서 내가 가지고 있어야 했다. 만일 회사가 망하면 사업체는 물론 집까지 날아가고 사람까지 교도소에 가지 않겠는가. 그럴 경우에 대비해서 내가 따로 저축을 해놓아야겠다는 계산으로 남편에게 가끔 돈 얘기를 한 것인데, 그러면 남편은 한숨부터 쉬었다.

"여보, 돈이란 게 그렇게 쉽게 벌리는 것도 아니지만 벌리면 회사 사원들부터 먹고 살아야죠. 나는 경기가 악화되어서 회사가 어려워져도 10년쯤은 별걱정 없이 사원들 월급을 줄 수 있는 재정을 만들어 놓고 말 거예요. 벌리는 돈은 다 회삿돈이자 사원들 돈인 거죠."

그래서 나는 남편이 돈 필요하다고 하면 돈을 빌려대기만 했지 억 단위의 목돈은 만져보지도 못했다. 먹고사는 것만 남보다 좀 여유가 있을 뿐이지, 남편이 사업하는 내내 내가 받은 돈은 기껏 해봐야 백만 단위에서 그치곤 했다. 그렇게 받은 돈도 거의 다 빌린 돈을 갚거나 이자나 적금으로 들어갔다. 적금으로 들어간 것도 남편이 "여보, 돈 좀!" 하면 모두 빼서 순식간에 사라지기 일쑤였다.

사정이 이런데도, 사원들도 그렇고 사회에서도 사업가들을 올바른 시각으로 보아주지 않는다

추색만당(秋色滿堂), 41×54cm

사업가들은 세금도 많이 내고 그것이 모여 국민과 국가를 위해 쓰여지니 남편이 늘 하던 말처럼 '세금 많이 내는 게 애국자'다. 풍남은 세금을 참 많이 냈다. 온 국민이 어려웠던 IMF 때도 오히려 사업이 무척 잘돼서 수익을 많이 올렸고, 세금도 많이 냈다. 그것도 제날짜에 꼬박꼬박, 현금으로 말이다. 남편은 그래서 세무서장님에게 고맙다는 전화도 여러 번 받았다.

그런데 1997년 뜬금없이 국세청에서 나와 세무조사를 벌였다. 그 당시 업계에서 흔했던 이중장부 같은 것도 없었고, 모든 세금 관계가 명확하고 정확했는데도 말이다.

"이런 회사는 진짜 오랜만에 봅니다."

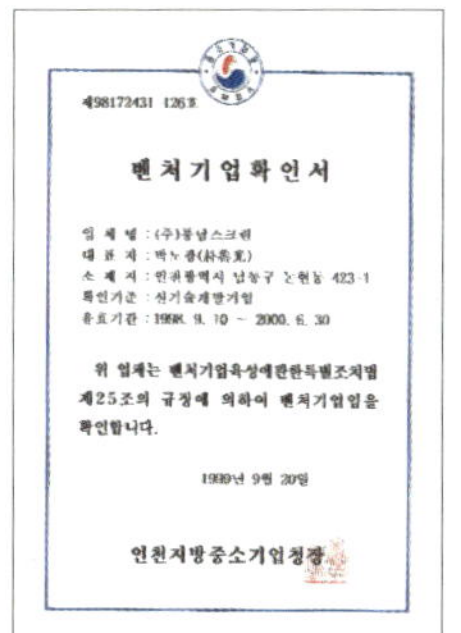

벤처기업확인서

상 호 명 : (주)풍남스크린
대 표 자 : 박노광(朴魯光)
소 재 지 : 인천광역시 남동구 논현동 423-1
확인기준 : 신기술개발기업
유효기간 : 1998. 9. 10 ~ 2000. 6. 30

위 업체는 벤처기업육성에관한특별조치법 제25조의 규정에 의하여 벤처기업임을 확인합니다.

1999년 9월 20일

인천지방중소기업청장

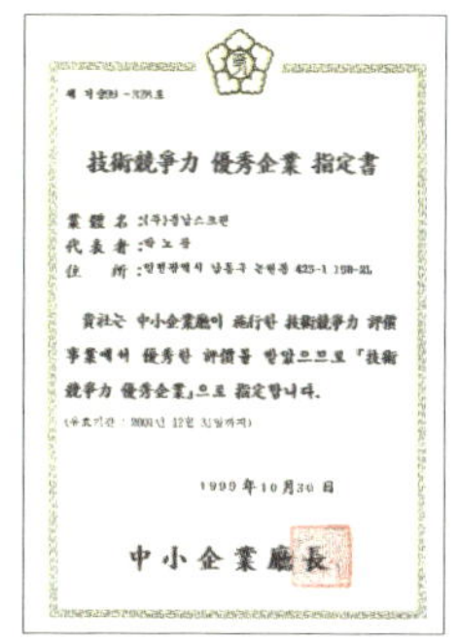

技術競爭力 優秀企業 指定書

業 體 名 : (주)풍남스크린
代 表 者 : 박노광
住 所 : 인천광역시 남동구 논현동 423-1

貴社는 中小企業廳이 施行한 技術競爭力 評價事業에서 優秀한 評價를 받았으므로 「技術競爭力 優秀企業」으로 指定합니다.

1999年 10月 30日

中小企業廳長

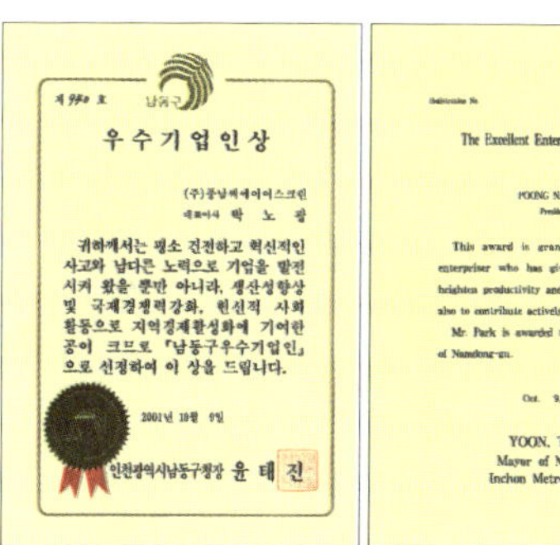

우수기업인상

(주)풍남씨에이이스크린
대표이사 박 노 광

귀하께서는 평소 건전하고 혁신적인 사고와 남다른 노력으로 기업을 발전시켜 왔을 뿐만 아니라, 생산성향상 및 국제경쟁력강화, 헌신적 사회활동으로 지역경제활성화에 기여한 공이 크므로 『남동구우수기업인』으로 선정하여 이 상을 드립니다.

2001년 10월 9일

인천광역시남동구청장 윤 태 진

The Excellent Enterpriser Of The Year

POONG NAM-CAE SCREEN CO., LTD
President PARK, NO KWANG

This award is granted to the innovative enterpriser who has given effort not only to heighten productivity and competitive power, but also to contribute actively to the local economy.

Mr. Park is awarded the Excellent Enterpriser of Namdong-gu.

Oct. 9, 2001

YOON, TAE JIN
Mayor of Namdong-gu
Inchon Metropolitan City

벤처기업확인서 기술경쟁력 우수기업 지정서 우수기업인상

조사관이 그렇게 감탄했지만 털어서 먼지가 안 나올 회사가 어디 있겠는가. 탈세한 것이 아니라 절세하려고 했던 회계 처리, 그리고 수금된 것이 아니라 물건이 나간 외형액으로 매출을 잡은 데에서 세무 조정의 오류가 있어 세금이 무려 30억이나 나왔다.

풍남의 세무 관계 업무를 의뢰받아 책임지는 세무사가 실수로 잘못 적용한 결과였지만 받아들이는 쪽은 너무나 어이가 없었다.

그것이 풍남이 맞은 두 번째 고통이고 시련이었다.

다른 사람들처럼 약삭빠르게 부동산 같은 것을 사놓은 것도 아니고, 30억을 내려고 하면 회삿돈을 톡톡 털고도 모자라 그 두 배 이상의 빚까지 얻어야 했다. 그 무렵 두 달 동안 우리 부부는 잠도 못 자고 고민을 많이 했다. 오죽했으면 둘이 머리를 맞대고 앉아 회사 문을 닫을까를 진지하게 고민했을 정도다.

우리는 아는 분들하고 전문가들을 총동원하여 대책 마련에 부심했다. 대책이라고 해봤자 우리 회사가 정부 기관으로부터 인정받은 회사이고, 애국하는 회사라는 걸 읍소하여 인정에 호소하는 것이었다.

가전충효(家傳忠孝), 33×60cm

스크린 바스켓을 국산화시킴으로써 외화 유출을 극소화 시킨 공로, 유망 중소기업으로 지정받은 문서, 대통령께 받은 표창, 통상산업부장관으로부터 받은 표창장, 수출 100만 불탑 수상 경력, 그밖에도 국내외로부터 수도 없이 받은 온갖 특허들에 관한 서류를 꼼꼼히 준비하여 중소기업청에 제출했다.

그 결과 업적이 큰 성실기업임을 인정받았고, 추징세금이 30%로 재조정되었다. 그 많은 서류들을 만들고 중소기업청이 있는 대전까지 수없이 오가느라 갖은 고생을 다했지만 보람이 있는 결과였다.

그런데 보람의 기쁨도 잠시, 문제는 그 돈을 한 달 안에 현금으로 내라는 것에서 제동이 걸렸다. 그야말로 중소기업에서는 엄두도 내지 못할 금액인데, 보유 현금을 다 모으고 대출까지 받아서 그걸 내느라고 또 큰 고생을 했다.

제3부. 풍남, 우리의 찬란했던 시절

나라 사랑 가족 사랑의 박노광

남편은 나에게 평생 반말을 하지 않았다. 어떤 작은 일에서도 내 의견을 먼저 물었다. 나 아니라 누구에게도 겸손과 배려가 몸에 밴 사람이었다.

남편은 또 일에 대한 관념이 분명했다. 직장생활 할 때는 자기가 회사에 도움이 되어야만 월급 받을 자격이 있는 거라고 했다. 사업을 시작하고부터는 회사를 잘 운영하는 것만이 사회에 봉사하는 길이라고 말했다. 매사 언행일치가 확실하여, 한번 말한 것은 끝내 지키는 신의를 통해 자기 자신과 회사의 가치를 만들어냈다.

그렇다고 좋은 점만 있었으랴. 술을 너무 좋아하여 생긴 실수들이 적지 않고, 엉뚱한 고집으로 나를 힘들게 하기도 했다. 유머 감각이 꽝이어서 연애 상대로는 참 재미없는 사람이기도 했다.

"당신 어디에 있어요?"

전가추색(田家秋色), 135×35cm

월야(月夜), 43×54cm

"나 여기 있잖아요……."

금방이라도 등 뒤에서 웃으며 나타날 것 같은 사람.

창동에 살던 시절. 안집의 큰딸 연숙이 처녀가 미아리에 가서 양말에 수놓는 일감을 가져와 셋집에 나눠주었다. 전구를 양말에 끼우고는 양말에 수를 놓는 건데, 손재주 없고 바느질도 해본 적 없던 내가 그걸 쉽게 해낼 리 없었다. 다른 아줌마들이 찬찬히 가르쳐 주는 데도 내 손은 마음만큼 움직여주지 않았다.

정도, 34×34cm

어느 날, 3교대 밤일을 하고 돌아와 낮잠을 자고 일어난 남편이 양말을 들고 씨름하는 나를 물끄러미 바라보다가 물었다.

"여보, 그게 그렇게 안 돼요?"

"도무지 손에 익질 않아요. 이렇게 하면 될 것 같은데 해보면 그게 아니고……."

"이리 줘보세요."

남편은 나에게 양말을 건네받아 수를 놓기 시작했다. 그런데 많이 해본 사람처럼 처음부터 술술 잘하는 거였다. 남자가 그렇게 수를 잘 놓는 사람은 처음 보았다. 그렇게 시작되어 남편은 내가 수 놓는 일을 참 많이 도와주었다. 무더운 여름날이지만 남들에게 보이기 뭐해 방문을 꼭 닫고 수를 놓았는데, 지금에야 고백하지만 양말에 수 놓는 그 일은 솔직히 남편이 거의 다 해주었다.

남편은 회사에 출근하거나 사업상 거래처 사람을 만날 때 말고는 평생 모든 일을 나와 함께하려고 했다. 잘 때도 같이 자야 하고 일어날 때도 함께 일어나야 한다. 집안일이 밀려서 내가 늦어지면 침대에서 이것저것 다음날 할 일을 구상하면서 나를 기다렸다.

기념일에는 당연히 반드시 둘이 함께해야만 했고, 여행을 가서도 풍경이 좋거나 마음에 드는 분위기가 있으면 그냥 넘어가는 법이 없었다.

"여보, 여기 서보세요! 와, 풍경 멋있어요! 역시 당신이 서니까 한 폭의 그림이에요."

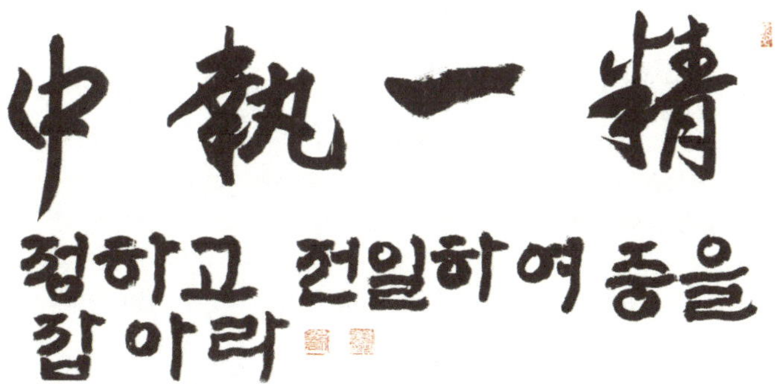

정일집중(精一執中), 29×68cm

그래서 집에 가지고 있는 사진들을 보면 나 혼자 찍힌 것들이 많다. 같이 찍자고 해도 "나는 당신 찍어주는 게 더 좋아요." 하면서 막무가내로 나를 혼자 세웠다.

일행이 있을 때도 주변 풍광이 뭔가 조금만 멋있다 싶으면 그 즉시 나를 불러세웠다.

"여보! 여보! 이리 오세요. 여기요!"

일행에게 눈치가 보여 내가 눈을 흘겨대도 아랑곳하지 않았다.

내가 화장실 갈 때도 마찬가지였다. 둘만 있을 때는 몰라도 일행이 있을 때는 먼저 가시라고 해도 막무가내로 내 핸드백을 들고 화장실 앞을 지켰다.

남편은 술을 참 좋아했다. 사업을 하면 직원들과의 회식, 거래처 사람들 접대 등 다양한 술자리가 만들어진다. 남편은 스스로 술을 좋아하기도 하지만 술자리 분위기를 띄우고 상대 기분을 맞춰주고 하는 것에서도 특유의 성실성을 발휘하느라 모든 술자리에서 '끝까지' 달렸다. 그리고 직원들이 취하면 일일이 택시를 태워 보내준 다음에야 발길을 돌리곤 했다.

문제는 기분이 좋을 정도의 주량인데, 이게 내가 보기엔 끝도 한도 없었다. 회사 내에서는 물론이고, 내가 아는 사람들 중에서 아마도 가장 술을 사랑하고 술이 제일 센 양반이었다.

그렇게 마셔대니 집에서 기다리는 나는 어디 가서 쓰러지지는 않았는지, 손님 앞에서 실수는 하지 않았는지 늘 걱정이었다. 체면이라는 건 한 번 실추되면 복구가 어려울 텐데……. 종일 고단해진 몸에 술까지 부어대

황금환 비파도
(黃金丸 枇杷圖),
135×63cm

결실(結實), 34×33cm

면 건강을 해칠 텐데……. 잘못하다 나쁜 사람들한테 걸리면 범죄의 대상이 될 텐데……. 남편의 귀가가 늦어지면 나는 온갖 걱정에 애를 태우며 잠을 이룰 수 없고는 했다.

귀가 시간은 새벽 2~3시가 보통이었고, 어떤 때는 아침 7시에도 들어오곤 했다. 기다리는 사람은 처음에는 걱정을 하다가도 그때쯤 되면 감정이 격해져 싫은 소리가 나갈 수밖에 없는데, 남편의 반응은 그야말로 적반하장이었다.

"당신은 그냥 자면 되지. 왜 날 기다리면서 성질을 내는 거예요?"

어느 날은 벨을 눌러 나가보니 대문 문고리를 붙잡은 채 자고 있었다. 옆에 구두를 벗어 놓았는데 구두 안에는 얌전히 양말까지 벗어서 끼워 놓았다. 그 광경을 보니 화가 나는 중에도 피식 웃음이 나왔다.

온몸에 술 냄새가 진동을 하고 있는 남편을 끌고 들어가는 것은 정말 고약한 일이었다. 덩치는 산 만한 데다가 코를 찌르는 술 악취를 참아가며 그 일을 해야 하니 땀은 비 오듯 쏟아진다. 겨우겨우 마당으로 옮겨 놓고 대문을 닫고 돌아서면 그는 마당의 잔디밭이 안방인 양 대자로 쿨쿨 잠들기 일쑤다.

죽을힘을 다해 간신히 집안으로 옮기고 자리에 눕힌다. 그러면 그때부터 본격적으로 코를 골기 시작하는데, 그 소리가 가관이 아니었다. 아마도 소음 측정을 해보면 탱크 굴러가는 소리쯤 될 것이다. 평생 그 소리를 자장가로 여기며 살아야 했다. 하지만 남편은 무슨 문제가 생기면 거기에 몰두해서 해결될 때까지 밤낮으로 연구한다.

남편은 인간관계에 있어서도 임전무퇴의 정신을 발휘했다. 한 번 맺은 인연은 소중하게, 절대 배신을 하지 않는다는 말이다.

세일기계 공장장 시절 남편은 일본의 오하라 사와 거래를 하게 되었는데, 재일교포인 일본 대성무역회사의 고영기 사장님이 통역을 비롯해서 모든 일을 중개해 주셨다.

그런데 고 사장님의 부친이신 고 회장님은 국가관이 투철하신 분이어서 대단히 인상적이었다. 고 회장님의 사무실에 한 번 가본 적이 있는데,

사무실 벽 중앙에 대형 태극기가 붙어 있었다. 일본 땅 한복판 사무실에 태극기를 당당히 걸어놓고 사업을 하신다는 게 트로이의 목마를 타고 진군하는 독립투사인 것 같아 큰 감동을 받았던 것이 기억난다.

그런데 이상하게 이런 분이 한국에 대한 인상은 좋지 않았다. 무역 때문에 많이 다녀봐서 한국에 대해 잘 알고 있었는데, 한국과 한국인이 너무 마음에 들지 않는다는 것이었다. 그러셨던 분이 '박노광 사장님'을 만나고 나서부터 한국을 좋아하게 되었다고 했다.

'아니, 한국에도 이런 애국자가 있었네!'

남편의 투철한 애국심과 철저히 실천하는 애국정신에 놀랐다는 것이다.

고 회장님은 남편을 아들처럼 사랑해주셨다. 남편 또한 고 회장님을 아버님처럼 생각하며 존경하고 따랐다. 풍남을 만든 뒤부터 우리 부부는

화락(和樂), 135×35cm

회장님의 가족 여행에 초대받아 가족들과 친해졌다. 그중에서, 오사카에서 차를 타고 몇 시간 가다 보면 태평양 바다가 활짝 펼쳐져 보이는 송풍각 호텔의 정경이 잊히지 않는다.

오하라 사장님의 별장에도 초대받아 가봤었는데, 그 그림 같던 풍경도 눈에 선하다. 별장 앞쪽으로 황금잉어들이 수없이 노니는 큰 연못이 있었는데, 먹이를 자동으로 주는 시설이 너무 신기했고, 태평양 바람을 먹으며 크는 귤밭이 끝없이 펼쳐져 있어서 부러운 마음을 감출 수가 없었다. 그리고 저 멀리 머리에 하얀 눈을 이고 있는 후지산은 또 얼마나 환상적이던지…….

일본 대성산업의 고 회장님은 일본 호레가와 사측으로부터 부탁을 받고 남편을 소개해주었고, 오하라 쪽도 그런 식으로 연결이 되었다. 오하라 쪽에서 풍남 쪽에 기술을 주어 제품을 생산하게 하고 납품을 받는 OEM 방식이었는데, 그것은 풍남처럼 작은 회사에게는 큰 혜택이었다.

그러던 것이 10년이 흐르고 나니까 완전히 역전되었다. 회사 규모도 풍남이 오하라보다 훨씬 커졌지만, 풍남 쪽의 기술이 앞서게 되어 그쪽에서 오히려 풍남의 기술을 이전받게 되었다. 그렇게 역전된 상황에서도 남편은 오하라와의 관계를 초창기와 변함없이 유지해 나갔다.

월야(月夜), 34×34cm

죽림관월(竹林觀月), 70×45cm

인생아 고마웠다
인생아 고마웠다
사랑이 나를떠나도
세상이 나를 속여도
내 곁에 있어주어서
인생아 고마웠다
사랑이 나를떠나도
그것은 내 몫이라고
나에게 말해주어서
인생아 나 부탁을 한다
나 두눈 감는 날에는
잘살았다고 훌륭했다고
그 말만 해주라
눈물이 많은 삶이어서
고생했다 말해주라
배운게 많은 삶이라서
아름답다 말해주라
인생아 고마웠다
빈 몸으로 태어나서
많은걸 채워주고
빈 몸으로 보내주어서
인생아 내 인생아 참 고마웠다
인생아 내 인생아 널 사랑한다
노래말 중에서

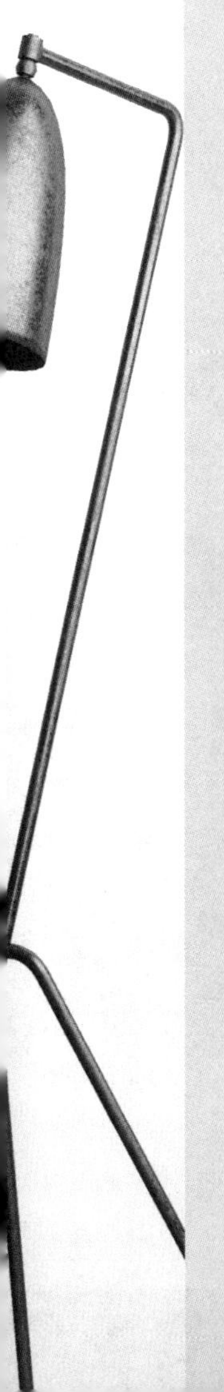

제 4 부

나의 아이들

진취적, 도전적인 사업가 기질의 첫째 민선이

당돌하고 명랑한 산소 같은 둘째 재선이

엄청난 부전자전, 막내 세용이

L
O

V
E

진취적, 도전적인 사업가 기질의 첫째 민선이

3녀 1남을 낳았다. 그중 한 아이는 돌을 넘기지 못하고 세상을 떠나 2녀 1남을 키웠다.

다행히 아이들은 모두 착했다. 자식 키우면서 속상하고 애먹은 경우야 왜 없겠냐만 집안의 우환이라 할 만큼 크게 속 썩은 일은 없었다. 그만하면 다들 반듯하게 자라주었다. 부모 공경할 줄 알고 형제간 우애도 좋다. '자식이 웬수다'라는 부모들 적지 않은 걸 생각하면 나는 자식 복이 있는 편이라 생각한다.

남편 복에 자식 복도 있으니 큰 복은 다 받은 셈이다. 그러니 '하느님 감사합니다.'라는 소리가 절로 나오게 된다.

창동에 살 때 첫 임신을 했다. 안양 시댁에서 살다 분가해 나온 지 얼마 안 되었을 때다. 남편에게만 말하고 시댁에는 알리지 않았었다. 그런데

오늘의 안정적인 사업기반을 구축한 1등 공신 큰딸과 하와이에서

안양 시댁에서 일을 마치고 돌아온 어느 날 그만 유산이 되고 말았다.

첫 임신이어서 너무 행복했는데 말할 수 없이 슬펐다. 임신 중에도 일주일에 꼬박 두 번씩 시댁에 수발 다니던 고된 생활이 유산에 영향을 미친 것 같았다. 아이가 들어섰으면 이미 나만의 몸이 아닌데 뱃속의 아이에게 소홀했다. 어떻게든 시어머니 마음에 들고 싶다는 갈증이 결과적으로 태아에게는 죄지은 엄마가 되고 말았다.

그런 생각이 들자 나를 너무 혹독하게 대한 시어머니가 원망스럽기도 했다. 그러나 지나간 일을 되돌릴 수는 없었다. 내가 너무 괴로워하면 남편이 미안해할 것 같아 남편에게도 나의 슬픔을 다 표현하지는 못했다. 빨리 잊는 것만이 최선이었다. 나의 첫 임신은 그렇게 황망히 끝나버렸다.

청하(淸夏), 70×116cm

그러고 나서 일 년 후에 우리의 첫 아이 민선이를 임신했다. 이번엔 잘 낳아야겠다고 마음먹었다. 산달이 다가오면서 몸 풀 곳 때문에 걱정이 앞섰다. 고민 끝에 시댁에 가서 낳기로 결정했다. 시댁에서 낳으면 어머님이 좋아하실 거라고 생각했다. 어머님 눈치를 보는 건 여전했던 것이다. 당시 형편에 조금이나마 돈을 절약할 수 있으리라는 것도 한 이유이기는 했다.

남편을 창동에 혼자 두고 시댁으로 갔다. 내려간 날 밤부터 진통이 시작되었다. "조카 생긴다!"고 기뻐하던 막내 시동생이 내가 너무 고통스러워하자 출근도 하지 않았던 것이 기억난다.

"어이구, 손자든 손녀든 낳기만 해라."

어머님도 진통을 겪어내는 내가 안타까운지 손을 꼭 잡아주었다.

그날 낮 2시, 우리 예쁜 딸 민선이가 태어났다.

시댁 식구들은 첫 자손을 보았다고 너무너무 좋아했다. 갓난아이답지 않게 까만 머리카락이 길게 자라있는 것이 신기하다면서 너도나도 만져보느라 소란스러웠다. 남편도 연신 싱글벙글하며 축하 인사 받기에 바빴다.

나는 며칠 더 시댁에서 몸조리를 하다가 의정부 집으로 돌아왔다.

민선이는 어릴 때 태열 때문에 무척 고생했다. 가려우니까 밤새 긁어서 아침이면 이불이 피투성이여서 볼 수가 없을 지경이었다. 민선이가 초등학교 몇 학년 때인가는 알로에 농장까지 가서 알로에 아보엔스라는 걸 사다가 먹였다. 어찌나 쓴지 조금씩 잘라서 먹였는데도 먹을 때마다 힘들어했다. 그래서 나는 아이가 약을 먹고 나면 티스푼으로 설탕을 한 숟가락 주었다. 민선이는 그때마다 일단 밖에 나갔다가 조금 후에 들어와 설탕을 받아먹었다.

그해 겨울 부엌 뒤의 옥수수밭에 가보니 그 밑에 알로에 조각들이 수두룩했다. 먹지를 않고 뱉어내곤 했던 것이다. 어린 것이 얼마나 썼으면 그랬을까 생각하니 가슴이 아팠다. 한때 그렇게 고생했지만 다행히 중학교 갈 무렵이 되자 가려운 증상이 씻은 듯 사라져 버렸다.

민선이는 늘 진취적이고 도전적이다. 아버지의 영향을 받은 것인지 초등학생 때부터 민선이의 꿈은 사업가였다. 대학입시에 실패했을 때도 민선이는 까짓 대학 안 가면 그만이라고 대수롭지 않다는 듯 말했다.

"저는 남들 대학 4년을 사업으로 승부 걸겠습니다."

그렇게 당돌한 면이 있었지만 친구들이 하나둘 대학에 합격해 입학 준비를 하자 신경이 쓰였던 모양이다. 생각을 바꿨다면서 어느 날 우리에게 말했다.

"저를 믿고 한 번만 스파르타식 학원에 보내 재수를 시켜주시면 대학을 가보겠습니다."

물론 남편과 나는 대환영이었다. 민선이는 그렇게 기숙식 입시 전문학원에 들어가 공부한 끝에 이듬해 원광대 무역학과에 진학했다. 딸아이는 학교가 있는 익산에 방을 얻어 자취를 했다.

2학년 1학기를 마쳤을 때 딸아이의 진로에 대해 다시 생각해 보게 되

둘도 없는 사이좋은 민선, 재선 자매(하와이)

었다. 졸업하기 전에 어학연수를 다녀오면 좋을 것 같았다. 본인도 좋다고 하여 호주로 1년 예정의 어학연수를 떠났다. 남편은 막상 딸아이가 떠날 날이 돼오자 안타깝고 걱정이 되는지 “민선아, 진짜 가야겠니?” 하는 말을 수도 없이 하였다.

딸아이는 호주에서도 처음에는 여러모로 힘든 날들을 보냈다. 말이 안 통하고 음식도 낯선 데다가, 바퀴벌레에 쥐까지 있는 창고를 급히 방으로

장수(長壽), 34×33cm

꾸민 곳이라 환경이 많이 불결했다. 게다가 주인 부부가 금요일마다 주말 여행을 떠나버려 금요일부터 일요일까지 꼬박 굶어야 했다. 뿐만아니라 그 집에 4살짜리 아이가 톡톡 건드리며 인종차별까지 하는 바람에 정신적 고통도 심했다고 한다.

부모가 걱정할까 봐 말도 하지 못하고 지냈는데, 얼마 후 그 학교에 공부하러 온 신혼부부를 만나게 되었고, 사정 얘기를 들은 부부가 호의를 베풀어 그 집에서 살게 되었다. 그 신혼부부는 지금까지도 우리 가족과 좋은 관계를 유지하고 있다.

그 후 민선이는 대학을 졸업하고 미국 애리조나주 선더버드 대학원에서 국제경영마케팅학으로 석사학위를 취득하였다. 원광대학교로, 호주로, 미국으로, 고달픈 객지 생활 11년 만의 결실이었다.

민선이는 늘 책임감도 강해 어릴 때부터 동생들을 잘 챙겼고, 부모의 마음을 헤아릴 줄도 알았다. 민선이의 본 성격도 있지만 맏이라는 위치가 그렇게 만들었을 것이다. 집안에 자기보다 어린 사람이 있으면 저절로 어른스러움을 익히게 된다.

나는 막내로 자랐는데 초등학생 때 한 시절 맏이의 마음을 경험했다. 어머니가 재가를 하여 늦게 동생 둘이 태어나면서 졸지에 맏이 위치가 되었다. 부모는 장사하러 다니고 오빠들과 언니도 모두 집을 떠나 있을 때라 내가 두 아이를 업어 키우고 놀아주어야 했다. 막내였다가 맏이 역할을

법고창신(法古創新), 31×68cm

연(蓮), 170×37cm

해보니 버겁긴 해도 묘하게 뿌듯한 게 있었다. 참고 기다려주고 양보하면서 동생들을 돌보고 있는 내 자신이 스스로도 기특했었다.

남편이 떠나고 나자 민선이는 책임감이 더 강해졌다. 유학을 갔다가 아빠의 비보를 듣고 귀국한 후로 지금까지 가장으로 일하고 있는 큰딸이 대견하고 믿음직스럽다. 남자도 힘든 임대사업을 하면서 다양한 고충을 많이 겪었는데 그때마다 현명하게 대처하며 처리하는 모습이 꼭 자기 아빠를 보는 듯하다.

어머니를 도와 자기가 아버지 몫을 해내야 한다는 마음을 가졌던 것 같다. 그래서일까 민선이는 결혼도 하지 않았다. 남편이 떠났을 때 민선이는 우리 나이로 서른하나였다. 그 나이에 아버지를 대신해 몇 달간 회사 대표이사를 했고, 회사를 넘겨준 후에는 또 맏이로 집안의 크고 작은 일들에 신경을 집중해야 했으니 연애에 눈 돌릴 시간이 없기도 했다.

여러 번 중신이 들어왔는데 민선이는 관심을 주지 않았다. 의사, 변호사, 재력가 등 좋은 조건의 상대들이었다. 그러나 민선이는 의례적인 선조차 보지 않았다. 우리 집안 지키는 게 먼저지 왜 남의 집에 들어가 봉사하느냐는 것이 민선이의 말이었다. 그렇다고 처음부터 표나게 독신을 고집한 건 아닌데 집안 경제에 주력하다 보니 어느덧 오십을 넘어섰다. 그래서 동생들 다 결혼했는데 지금도 나와 함께 살고 있다.

인생이야 어찌 알겠는가. 마음에 꽂히는 남자가 나타난다면 지금이라도 연애를 하게 될지 모르지만 민선이는 독신으로 사는 걸 크게 아쉬워하지 않는 것 같다. 그런 점은 확실히 사업가로서의 아버지를 닮았다. 일을 벌이고 성공시키고 하는 것을 다른 어떤 일보다 즐거워하고, 실제로도 잘

해내고 있다.

그러나 어미 마음으로는 혼자 사는 것이 기꺼울 리만은 없다. 맏이의 책임감을 중심에 두느라 혼기를 놓친 것 아닌가 싶어 좀 미안한 마음이 있다. 그러면서도 한편으로는 이 적적한 집에 늘 함께 있어 주는 든든한 버팀목 역할자 큰딸이 고맙기 그지없다.

한 마리 새가 되어, 35×50cm

당돌하고 명랑한 산소 같은 둘째 재선이

나는 임신할 때마다 입덧을 겪었는데 둘째 재선이 때에 입덧이 특히 심했다. 도넛 가게를 할 때여서 하루종일 기름 냄새를 맡느라 더 그랬는지 모른다. 손님에게 햄버거 하나 갖다 주려고 하다가 토하고, 갖다 주고 나서 또 토하고 그랬다. 도넛 튀기는 냄새와 버터 냄새, 케첩 냄새가 그렇게 역겨울 수가 없었다. 그때의 경험으로 나는 지금도 케첩을 싫어한다.

불행 중 다행이라면 나의 심한 입덧 덕분에 가족이 다시 모여 살게 되었다. 당시 우리 세 식구는 내가 도넛 가게에 열중하느라 가게에서 먹고 자고 하는 바람에 뿔뿔이 흩어져 지냈다. 남편은 회사 가까운 곳에서 두 번째 자취를 하고, 민선이는 안양 할머니댁에 맡겨졌다. 그랬는데 나의 입덧을 계기로 의정부에 다시 우리 가족이 함께 살 방을 얻었다.

1975년 12월 22일 어머님의 도움을 받아 몸을 풀었다. 또 딸이었다.

작은 딸 재선

'또 딸이었다'고 하는 건 어머님이 아들을 바라는 걸 알고 있었기 때문이다. 옛 어른들이 대개 그렇듯 어머님도 남자만 중히 여기고 어자는 가볍게 생각하는 남존여비 관념을 갖고 계셨다.

첫째 민선이 때는 집안의 첫손이라 대놓고 표현하지는 않았는데, 둘째마저 딸이 나오자 크게 실망한 기색이었다. 재선이를 받아놓고는 탯줄 자를 생각도 안 하고 멍하니 앉아 계셨다.

어머님의 그런 모습을 보니 나는 지레 주눅이 들어 몸이 떨려오면서 금방 다시 하혈을 했다. 탯줄을 잘랐는데도 하혈이 멈추지 않았다. 이부자리가 다 젖고 온 방바닥을 적실 정도가 되었는데도 하혈이 그치지 않는 가운데 나는 그만 졸도하고 말았다.

얼마 후 정신을 차리고 보니 방안은 깨끗이 치워져 있고, 강보에 싸인 아이가 옆에서 새근새근 자고 있었다. 천사처럼 평화로운 아이의 얼굴을 보니 그제야 비로소 내 입에서 미소가 지어졌다. 어머님이 밥을 해다 주셨는데, 그때의 밥과 국이 얼마나 달고 맛있던지 평생 잊히지 않는다. 지금도 미역국을 먹을 때마다 그때의 맛을 돌아본다.

"오빠, 언니가 또 딸 났대. 또 공주래."

남편은 퇴근하고 시누이에게 내 출산 소식을 들었다. 남편은 한참 아무 대꾸도 없다가 소주를 몇 병 사오라고 했다. 그러고는 안주도 없이 그 자

나리, 40×30cm

리에서 두 병을 벌컥벌컥 들이키고는 산모에게 전화조차 안 하고 그대로 쓰러져 잠들었다. 남편은 내가 몸을 푼 지 열흘이 넘어서야 나와 아기를 보러 왔다.

미안하고 속상하다 보니 젖이 잘 나오지 않았다. 남편에게 돼지 족을 사다달라고 했다. 남편이 떠난 후 나는 돼지 족을 삶아서 방에 들어가지도 않고 부엌에 선 채로 물렁뼈까지 오독오독 순식간에 다 먹어버렸다. 그러고 나서야 기운이 조금 돌아 젖이 나오기 시작했다.

둘째 딸은 초등학생 때부터 우등생이었다. 고등학생 때도 전교에서 5~6등 할 정도로 공부를 잘했다. 그래서 한양공대에 가고 싶어 했는데, 서울 가는 전철도 고달프고 하니 넉넉하게 합격할 수 있는 인하대 금속공학과로 낮춰서 지원해 가볍게 합격하였다.

그런데 백 명이 넘는 학생 중에 여자가 2명뿐이어서 갈수록 남자가 되어갔다. 풍물동아리에 가입하여 회장까지 하더니 밤새 대자보를 쓰는 등 학생운동을 시작했다. 우리는 방법을 찾아봐야 했다. 더 깊이 빠지기 전에 유학을 보내자고. 그리고 설득을 하여 미국으로 어학연수를 보냈다. 그리고 돌아와 우수한 성적으로 대학을 졸업하고, 동 대학원에 진학해 재료공학 석사를 마쳤다. 아버지가 "박사과정까지 밟겠느냐?"고 묻자 "박사는 재미없잖아요" 하면서 취직하겠다고 했다.

그래서 일진그룹에 원서를 넣었는데, 이공계통에서 여자가 취직하기 쉽지 않다는 우려를 잠재우며 당당히 입사하였다. 그 후 풍남이 벨기에의 트라이슬롯이라는 회사와 합작회사를 하게 되어 한동안 풍남 설계실에서 일하기도 했다. 그러고는 시카고 일리노이대학원에서 국제경영마케팅 석사과정을 밟았다.

언니가 진중하고 차분하다면 재선이는 당돌하면서 명랑하다. 언니가 말이로서 감정을 절제하는 편이라면 재선이는 감정 표현이 직설적이다. 그런 자유분방한 성격으로 집안 분위기가 가라앉아 있으면 먼저 나서서 어떻게든 밝은 쪽으로 바꿔내려고 노력하는 산소 같은 둘째 딸이다.

지금은 결혼을 하여 남편과 같은 회사는 아니지만 외국계 회사에서 자기 역량을 과감히 발휘하며 사랑받는 아내로 행복하게 살고 있다.

귀자유심(貴者幽心), 170×37cm

엄청난 부전자전,
막내 세용이

지선이를 잃고 나자 다시는 아이를 갖고 싶지 않았다. 하지만 세상일이 내 뜻대로 되는 게 아니어서 자의 반 타의 반으로 다시 아이를 갖게 되었다. 그런데 그 아이가 3개월 만에 유산이 되었다. 지선이를 보낸 후유증이 마음에도 몸에도 깊이 남아 있는 것 같았다.

동네 할머니들의 조언을 받아 용하다는 천수당 한약방을 찾아갔다. 몸이 약하니 보약을 먹고 몸을 추슬러야 한다고 했다. 그러면서 이런 말을 덧붙였다.

"아들 갖는 방법을 써보는 게 어때요?"

"그런 게 있어요?"

"그럼요, 있지요."

한의사가 웃으며 고개를 끄덕였다.

남편 판박이 막내 세용이와···

아들을 낳을 수 있다면야, 위험하고 이상한 방법만 아니라면 무엇이든 못할까.

나는 그날부터 한의사 선생님이 일러준 대로, 고기는 입에도 안 대고 채식만 했다. 반면 애 아빠는 육식만 하라고 해서 주로 닭볶음을 해서 먹였다. 소고기, 돼지고기를 먹이고 싶었지만 애들 때문에 돈 들어가는 곳이 많아 한창 쪼들릴 때였다.

좀처럼 아이가 들어서지 않더니 6개월쯤 지나자 드디어 임신이 되었다.

"여보, 우리 팔자에는 딸밖에 없으니까 기대하지 말아요."

나는 남편에게 미리 못을 박았다.

아들이든 딸이든 지선이처럼만 되지 않도록 건강하게 키우겠다는 마음이었다. 그러나 마음 저 안쪽에는 아들이기를 바라는 간절한 욕망이 깔려

서호 소견(西湖所見), 91×140cm

있었다.

아이를 가지고 난 뒤부터 나는 모든 일에 넉넉하게 마음을 가졌다. 시장에 가서도 물건값을 깎으려 하지 않았다. 아등바등 발을 동동 구르며 사는 삶은 살지 말자고 다짐했다.

그즈음 큰 시동생이 우리에게 빌려 갔던 돈을 가져와 부천시 심곡2동

에 집을 샀다. 시동생이 하려고 했던 종로 하루방이 마침 화재가 나서 도로 가져온 돈에다 고오석 사장님이 보태주신 돈을 합해 52평 단독주택을 마련했다.

안채는 세를 놓고 밖에 있는 쪽방에서 지냈는데, 사장님의 배려로 아들을 낳기 전에 안채로 들어가는 행운을 얻었다. 이웃들의 권유로 부천역 앞에 있는 한의사를 찾아갔다. 맥을 잘 짚기로 소문난 분이었는데, 애아빠한테는 비밀로 했다. 태아의 성별을 알게 될지도 모르므로 기대를 갖게 하고 싶지 않았다.

"선생님, 제가 아들만 둘이어서 이번엔 딸이었으면 좋겠네요."

왜 그랬을까, 나는 한의사에게 내 상황과 정반대로 이야기를 했다.

한의사는 나의 맥을 짚어보곤 한참 동안 말이 없었다. 또 딸인가 보다 싶어 낙심하고 있는데 순간 이러는 것이었다.

"어쩌죠, 이번에도 아들이신데요?"

"어머, 그래요?"

“고맙습니다, 선생님, 고마워요.”

자기 말을 잘못 들었나 하는 표정으로 의아해하는 한의사의 표정은 눈에 들어오지 않았다.

‘아들이라니, 이번엔 아들이라니! 내 뱃속에 딸만 있는 게 아니라 아들도 들어 있었다니…….’ 어머님이 기뻐하시는 모습이 눈앞을 스쳤다. 기쁜 마음이야 이루 말할 수 없지만 만에 하나 아닐 수도 있으므로 남편에게는 아무 말 하지 않았다.

1980년 2월 29일, 엄마가 아프다고 소리를 지르니까 두 딸도 덩달아 울고 있는 가운데 오전 11시쯤 아이를 낳았다. 그런데 아이만 낳으면 정신을 잃던 내가 이 날따라 정신을 잃지 않았다. 가슴을 졸이며 친정어머니 반응을 기다리고 있는데 아무 말씀도 없으셨다.

막내지만 듬직함은 남편 못지 않은 세용이

‘또 딸이구나…….’

실망하고 있는데 그제야 어머니 목소리가 들렸다.

“야 야, 고추다!”

고추 소리를 들으며 결국 정신을 잃었다. 잠시 후 아이들 떠드는 소리에 정신을 차렸다. 유치원생인 큰딸이 전화를 걸고 있었다.

“우리 아빠가 박노광 공장장님이시거든요, 좀 바꿔주세요. 아, 아빠예요? 아빠! 아빠가 그렇게 그리던 아들을 낳았어요. 축하드려요.”

남편은 과연 어떤 표정일까. 민선이가 전화하는 걸 들으며 나는 남편의 표정과 기분을 상상해 보았다. 나중에 백일 때 온 회사 동료들의 말에 의하면 남편이 전화를 받으며 그동안 한 번도 보지 못했던 표정이었다고 했다.

구로동에 가서 손수 아이 이름을 지어 왔다. 인간 世, 얼굴 容, 박세용.

시어머님에게 아들을 낳았다는 전화를 한 것도 민선이였다. 어머님은 전화를 받자마자 달려오셨다.

“야, 나도 손자 볼 때가 있구나. 자, 악수하자.”

어머님이 손을 내미셨고, 나도 손을 마주 잡았다. 어머님은 연신 손자를 쳐다보면서 기뻐 어쩔 줄을 몰라했다.

세용이는 어릴 때부터 잔병치레 별로 없이 무럭무럭 잘 자랐고 체격도 또래 아이들보다 좋았다. 다만 네 살까지 말을 못해 걱정이었는데 다섯 살이 되면서 말을 시작했다.

성격은 어릴 때부터 매우 착했다. 내가 성당에 가면서 “일하고 올게” 하면 “네” 하고 다소곳이 앉아서 기다렸고, “여기 앉아서 책 보고 있어”

집안의 막내였지만 이제는 어른스러움이 넘치는 세용이와 함께

하면 내가 돌아올 때까지 그대로 앉아 책만 보고 있었다. 집에서 "문 잠그고 있어라" 하면 평소 우리 집에 자주 오는 아주머니들이 와도 "안 돼요. 엄마 안 계세요" 하면서 절대 문을 열어주지 않았다.

애들이 장마철에 물구덩이에서 첨벙대고 놀면 물이 튀지 않게 물러났다. 평상시에도 운동화에 흙 하나 안 묻히고, 걸음을 걸어도 단정하게 조심하며 걸었다. 제 아버지도 그랬다고 하니 부전자전이었다. 성인이 되어서도 남자애답지 않게 항상 방을 깔끔하게 유지했다. 그런데 이상하게도 공부하고는 담을 쌓았다. 말썽을 피지는 않고 노는 것에만 빠지는 것도 아닌데 공부에는 관심을 보이지 않았다.

세용이는 초등학교 3학년부터 6학년 때까지 성당 복사를 했다. 복사란 신부님을 도와 미사가 원활히 진행되도록 보조하는 역할로, 신앙심이 깊고 똑똑한 소년 중에서 선발한다. 세용이는 나중에 신학교를 가서 사제가 되겠다고 했다. 하나밖에 없는 아들이었지만 나와 남편은 기꺼이 동의를 했었다. 그런데 신학교에 가려면 성적이 좋아야 하는데 안타깝게도 세용이의 성적은 늘 하위권이었다. 세용이가 공부에 열심이지 않았던 이유를 나중에야 알게 되었다.

앞에서 한 번 얘기했는데 세용이는 초등학교 1학년 때 교통사고를 당한 적이 있었다. 다행히 크게 다치진 않아 한동안 깁스를 하는 것만으로 지나갔었다. 그런데 당시엔 생각지도 못한 사고 후유증이 있었다. 그때 시력에 문제가 생긴 것이었다.

교통사고 후 몇 달 지났을 때 아이에게 달력에 무슨 숫자 적어놓은 걸 읽어달라고 한 적이 있다. 달력이 멀리 있는 것도 아닌데 안 보인다고 했

청향암송(淸香暗送), 35×51cm

파초(芭蕉), 135×47cm

다. 그때 처음으로 아이의 눈에 문제가 있는 것을 알았다.

당장 병원에 갔더니 실명이 될 가능성도 있다고 하여 얼마나 놀랐는지 모른다. 그 후로 온갖 노력을 했지만 아이의 시력은 나아지지 않았다. 한번은 어느 유명한 안과를 찾아가 "안구은행에 예약을 할 수 없냐"고 물었다가 의사에게 야단맞기도 했다. "지금 앞 못 보는 사람도 순서가 안 돌아오는데 무슨 욕심이냐"고 호통을 치는 바람에 아무 말 못 하고 돌아섰다.

시력이 안 좋은 건 알고 있었지만 그것이 공부에 영향을 준다는 것까진 미처 생각하지 못했다. 가뜩이나 칠판 글씨가 안 보이는 아이인데 키가 커서 늘 뒷자리에만 앉게 되니 수업받는 게 늘 고역이었단다. 그렇게 초등 기초를 잘 닦지 못했고, 기초 부족한 것이 중학교, 고등학교까지 이어진 것이다.

그런 이야기를 아이가 고등학생이 되었을 때에야 들었다. 세용이가 고등학교 2학년일 때 가족이 호주로 여행을 갔다. 당시 민선이가 호주에 어학연수 중이어서 위로차 떠난 여행이었다.

그 여행에서 귀국을 앞두고 밤새 대화하는 시간이 있었다. 여행을 하며 느낀 점을 포함해 가족 간에 하고 싶은 말들을 나누는 자리였다.

그때 세용이가 말했다. '공부를 잘해 봐야지, 부모님 기대에 부응하는 아들이 돼야지' 하고 수시로 결심을 하는데 항상 작심삼일이라는 것이다. 초등학생 때부터 수업에 흥미를 잃어 마음과 달리 늘 공부에 자신이 없었다고 했다. 그런 이야기를 힘든 고백처럼 눈물 흘리며 말하는 모습에 온 가족이 펑펑 울었다.

나는 귀국길 비행기 안에서 세용이 담임선생님에게 편지를 썼다. 아이가 이런 마음을 갖고 있으니 자주 칭찬하고 격려하면서 자신감을 잃지 않도록 도와달라는 내용이었다.

가족에게 그동안의 마음고생을 후련히 털어놓아서인지 세용이는 그 후로 웃음이 많아지고 자신감도 부쩍 늘어난 모습을 보였다. 선생님의 격려가 컸었다. 그리고 나중에는 라식수술을 받아 시력이 많이 회복되었다. 아들의 눈만 생각하면 늘 가슴이 미어졌기에 그때 얼마나 기뻤는지 모른다.

세용이는 성적이 안 좋아 지방으로 대학 원서를 넣었다. 세용이에게 미안한 말이지만 식구들 가운데 기대하는 사람은 아무도 없었다. 그런데 8곳을 지원했는데 무려 6곳이 합격되었다. 그때의 감격이라니! 그 가운데

막내 세용이와 집안의 귀여움을 독차지하는 손자

여러 사정을 감안하여 중부대 경영학과 야간에 입학했다. 말하자면 야간 대학이었는데, 1학년 때 야간학부가 주간과 합치면서 일반 대학이 되는 행운을 얻었다.

연(蓮), 170×37cm

제 5 부

나의 색다른 달란트, 그림과 음악

나의 색다른 달란트, 그림과 음악

회화 작가가 명창이 되다!

나의 색다른 달란트, 그림과 음악

"예인(藝人)이시네요."

언젠가 한 분에게 이런 말을 들었다.

"아이고 예인은 무슨, 취미로 좀 했을 뿐이에요."

계면쩍어서 나는 얼른 손사래 쳤는데, 한순간 뭔가 설레긴 했다. 예인이라는 말에는 고전적인 향기가 있다. 단어 자체로 고즈넉한 정취가 느껴진다.

소녀 때부터 책을 좋아했고 감성이 풍부하긴 했으나 예술에 대한 꿈은 딱히 없었다. 서예를 처음 시작할 때도, 나중에 문인화에 입문하고 실경산수까지 나아가면서도 내가 예술을 하고 있다는 생각은 하지 않았다. 그러니 취미로 했을 뿐이라는 내 말은 겸손이 아니라 사실이다. 생활인으로서는 누구보다 열심히 살았다고 자부하지만 '나는 예술인이다'라는 식의 자아는 딱히 가져보지 않았다.

심야의 나들이, 34×34cm

그러면 나는 왜 그처럼이나 오래, 그처럼이나 열심히 창작 수련에 시간을 바쳤던 걸까?

모르겠다. 그저 그 시간이 좋았다. 한 단계 올라섰다고 느낄 때면 가슴 뻐근한 성취감이 있었다. '창례도 이만하면 꽤 괜찮네,' 나 자신에게 대견해 하며 내심 으쓱하기도 했다. 실력이 올라가면서 나의 한계에 낙심한 때도 있고 힘들 때도 있었지만 다 즐거웠다. 그러면 된 거 아닌가.

수많은 전시회를 했지만 할 때마다 어딘가 부족함을 느끼게 된다.

어쩌면 그저 내 성격 때문이었을 것이다. 나는 한번 발을 디딘 일에 대해서는 내가 할 수 있는 끝까지 가보는 은근히 집요한 면이 있다. 쉽게 포기하지 않는 끈기와 집중력, 적어도 그것만큼은 어느 정도 타고난 것 같다.

그러다 보니 그냥 해온 것이다. 처음에 시작한 동기가 무엇이었든 발을 디뎠고, 디뎠으니 해볼 수 있는 데까지 해본 것이다. 재능이 있는지 없는지 모르지만, 어디까지 가게 될지 모르지만, 내 노력과 능력으로 갈 수 있는 데까지는 가본다. 그것이 그냥 내 성격이었다.

시작은 단순했다.

삼 남매의 엄마가 되고 보니 아이들에게 늘 이런저런 잔소리를 하게 된다. 학원 가라, 공부해라, 숙제해라, 대한민국 모든 어머니가 그러듯 아이들에게 늘 무언가를 강요하고 주문하였다.

그러다 어느 날 생각했다. '아이들에게만 자꾸 뭘 해라 마라 할 것이 아니라 엄마인 나부터 뭔가 하고 있는 것을 보여주자.' 밥하고 빨래하고 청소하는 모습만이 아니라 엄마도 자기계발을 위해 열심히 노력하는 모습을 아이들에게 보여주고 싶었다.

그러고 보면 어릴 때는 하고 싶은 일이 얼마나 많았던가. 이런저런 꿈도 많았고 세상에 호기심도 많았다. 그러나 초등학생 때부터 돈 벌어오라고 밖으로 내몰려 학교를 제대로 다니지 못했다. 꿈이나 목표라는 것을 가질 여유가 없었다. 사람들이 나에게 무엇을 바라는지, 내가 어떻게 행동하면 좋아하는지, 주변 눈치 살피는 것만 어릴 때부터 습관이 돼 있었

하일(夏日), 42×64cm

다. 나를 챙긴다는 건 사치였다.

그런데 나도 이제 조금은 여유가 있잖아. 남편 사업은 순조롭게 성장하고 있다. 우리 가족만의 집도 마련했다. 늘 꼬장꼬장하시던 시어머니도 언젠가부터 나에게 관대해졌다. 막내 세용이를 낳았을 때, 한 시간 만에 바로 달려온 시어머니는 "야 나도 손자 볼 때가 있네. 너 오늘로써 내가 널 풀어주마" 싱글벙글 웃으며 말씀하셨다.

그렇게 내 상황을 가만히 둘러보자 문득, 나 자신에게 그동안 내가 너무 인색했다는 생각이 들었다. 정말이지 이제는 내가 하고 싶은 것을 열심히 공부해보고 싶다는 열망이 가슴에 차올랐다. 하고 싶은 것을 마음껏 해본 적이 없었다. 내가 무엇을 하고 싶은지도 몰랐다. 그런데 이제는 할 수 있지 않은가. 바쁘고 신경 쓸 일들이야 여전히 수북했지만 그래도 이젠 나 자신을 챙겨줘도 괜찮을 것 같았다. 아내, 며느리, 엄마로만 살아왔던 내 삶의 영역을 확장시켜 보고 싶었다.

장청노송(長淸老松), 91×140cm

그런데 무엇을 배우면 좋을까?

곰곰 생각하다가 처음 생각한 것은 펜글씨였다. 전부터 글씨를 예쁘게 써보고 싶은 마음이 있었다. 펜글씨는 어딘지 정숙함이 있고, 일상생활에 써먹을 수 있는 실용성도 있다. 그것이 펜글씨를 선택한 이유였다. 집에

서 한 시간 거리인 펜글씨 학원에 등록했다. 하루도 빼먹지 않고 매일 나갔다. 조금씩 나만의 글씨체가 만들어지는 것이 재미있었다.

그런데 펜글씨를 하다 보니 한문도 하고 싶었다. 한자에 약한 것이 늘 약점이었기에 이참에 한문 공부도 하자 싶었다. 한문을 시작하고 보니 이번엔 서예 쪽으로 마음이 흘렀다. 뿐인가, 영어도 제대로 한번 공부하고 싶다는 마음이 들었다.

펜글씨, 한문, 서예, 영어……. 1년 정도 그렇게 네 가지 공부를 했다. 공부라는 게 그렇게 즐거운 일인지 몰랐다. 아이들에게 굳이 말은 안 했지만 너희들도 엄마처럼 신나게 공부해 봐. 자랑하고 싶을 정도였다.

다 재미있고 유익했다. 그런데 차츰 이건 아닌 거 같았다. 세상 모든 걸 다 배울 순 없는 노릇 아닌가. 1년여 열심히 공부하여 한자와 영어에 어느 정도 기초가 잡히자 허기와도

장청도(長靑圖), 135×35cm

격려와 축하 메시지 전령사인 선생님 및 화우들

갈던 배움의 갈증이 조금 가라앉았다. 그러자 하나를 정해 거기에 집중해 보고 싶었다.

서예를 선택했다. 서예는 실용성 이상의 어떤 멋스러움이 있었다. 실용성이야 사실 현대사회에서는 제로에 가깝다. 핸드폰 문자가 보편화 되면서 편지조차 쓸 일이 없어진 세상이다. 펜글씨는 그래도 서명을 한다거나 메모를 남기거나 간단하게라도 쓸 일이 있는데 붓에 먹물을 찍어 글씨를 쓸 일은 일상에서는 거의 없다. 현대사회에서 서예는 예술의 영역으로 완전히 넘어갔다. 물론 예술을 한다는 생각으로 서예를 선택한 건 아니다. 그냥 서예에서 느껴지는 고전적인 정취가 좋았다. 바른 자세로 천천히 해야만 한다는 것도 마음에 들었다. 서예를 하고 있으면 마음이 차분히 정돈되었다.

강대진 선생님이 하시는 서예교실에 다니기 시작했다. 일상이 늘 바빠서 매일 나가는 게 쉽지는 않았다. 하지만 나는 특별한 일 없는 한 수업을 거르지 않았다. 성격상 무엇이든 대충하지 못했다. 늘 바쁜 일에 둘러싸여 있었지만 어떻게든 시간을 만들어 매일 공부하러 나갔다.

교실에 가면 다른 분들은 점심도 시켜 먹고 하면서 몇 시간씩 머물기도 하는데 나는 그렇게까지 시간을 낼 수는 없었다. 한 시간 정도 집중해서 매달리다가 아이들 귀가할 시간에 맞춰 서둘러 돌아왔다. 학교에서 돌아온 아이들에게 밥을 차려주어야 했다.

그러다보니 갈 때도 올 때도 나는 매번 뛰다시피 걸어야 했다. 항상 쫓기듯이 종종거리며 걷는 내 모습을 보고 동네 사람들은 "엉덩이는 나중에 와라 머리는 먼저 간다" 고 우스갯소리를 했다.

교실에 가면 먹을 갈아 글씨 쓸 준비를 하는 데만 삼십 분 정도 걸린다. 몰입해서 부지런히 매달려도 몇 장 쓰지 못하고 한 시간이 훌쩍 지난다. 모자란 시간은 밤에 집에서 보충했다. 책상에 습자지를 좌악 펼쳐놓고는 교실에서 들은 말들을 되새김하며 밤늦도록 열 장 스무 장씩 썼다.

영민하다는 말을 어릴 때부터 좀 들은 편이었지만 처음에는 선생님이 하는 말이 잘 이해되지 않았다. 논리가 아니라 감각의 영역이기 때문이다. 먹물의 농도, 종이에 붓을 찍는 강도와 내리긋는 속도, 붓을 어떻게 흘리고 어떤 식으로 연결하고 마지막엔 어떻게 마감하며 붓을 떼어야 하는지 등등의 말이 머리로는 알아듣겠는데 손에서 풀리지가 않았다.

같이 공부하는 사람 중에는, '저이는 타고난 자질이 있구나' 싶게 남보다 빠르게 성장하는 사람들이 있었다. 그런 사람들과 비교해 보면 나에게

칠월의 향기, 135×70cm

인사말로 전시회장을 찾아주신 내외빈들께 감사를 전한다.

재능이 없다는 게 확실히 느껴졌다. 수강생 전체로 보더라도 내 재능은 하위권이었다. 빠른 사람들은 한두 달 만에 벌써 글씨에 틀이 잡혀가는데 내 글씨는 도무지 진척이 없었다.

나는 재능이 없는 것에 실망하지 않았다. 잘 쓰는 사람들의 글씨를 보면 부럽기는 했으나 그렇다고 기가 죽지는 않았다. 나에겐 다른 재능이 있지 않은가. 꾸준히 하는 것. 열심히 하는 것. 남들이 열 장을 쓰면 나는 백 장을 쓰자는 마음이었다. 빨리 오를 자신은 없어도 지치지 않고 계속할 자신은 있었다.

선생님이 체본을 주시면 체본의 글씨와 비슷해질 때까지 집에서 수십 장을 연습하고는 다음 날 교실에 들고 가 선생님에게 봐달라고 했다. 선생님은 내 글씨보다 우선 내가 연습해 온 양에 놀랐다. "하루 사이에 이렇게나 많이 썼느냐?"고 새삼 내 얼굴을 바라보았다. 그런데 나는 다음날도, 또 다음날도 그만큼씩 계속 써 갔다. 교실에서 나만큼 연습량 많은 사람이 없었다. 어떻게 보면 무식한 방법이다. 그러나 단순하고 분명한 방식이었다. 글씨의 획이 이런 식으로 돌아가야 한다고 선생님이 시범을 보이면, 그런 획이 나올 때까지 쓴다. 말 듣는 것으로 감이 안 잡히면 써보는 것으로 감을 익혔다. 그렇게 쓰고 쓰고 또 쓰다 보면 어느 순간 선생님이 말하던 획이 나왔다.

그러면 깨닫는다.

'아 그때 그 말이 그런 말이었구나! 붓을 이렇게 기울이니 이런 결이 나오는구나. 이런 식으로 흘리니 이런 꺾임이 나오는구나!'

개념으로 이해 안 되던 것이 무지막지한 연습과 반복을 통해 손에서 조금씩 구현되었다. 그건 어쩌면 이식에 가까운 일이었다. 감각 이식. 처음부터 나에겐 아예 없었거나 세월의 풍파에 시달리느라 아주 미미해진 감각을 수많은 반복 수련을 통해 몸에 새롭게 장착시키는 그런 과정이었다.

남보다 열성이던 분, 남보다 잘 써서 선생님 칭찬을 자주 받던 분도 몇 달 지나면 교실에서 사라지는 경우가 많았다. 슬그머니 그만두는 것이다.

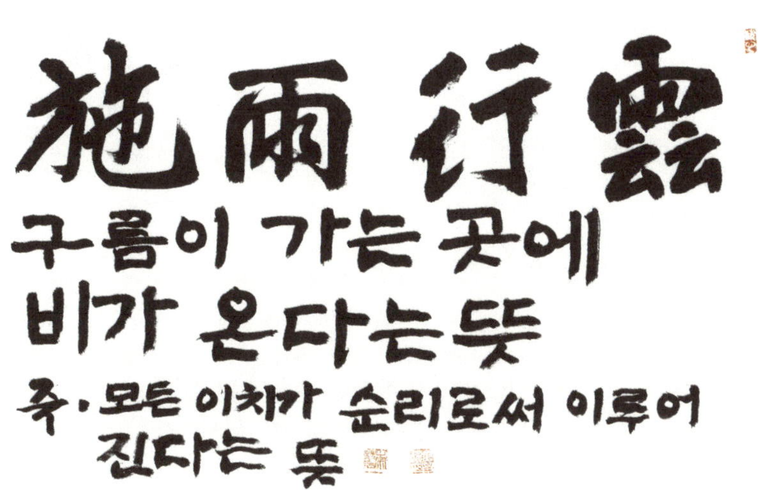

운행우시(雲行雨施), 40×64cm

녹죽청청(綠竹靑靑), 70×135cm

일 년쯤 지나니 보던 얼굴보다 새로 보는 얼굴이 더 많았다. 그리고 언젠가부터는 내가 교실의 가장 고참급이 되었다.

오래 써왔다고 잘 쓰는 건 아니다. 나보다 늦게 시작했는데 나보다 빨리 자기 글씨를 만들어가는 사람이 있다. 상관없었다. 나는 계속 쓸 거니

까. 쓰다 보면 지금보다는 얼마큼이라도 계속 나아질 거니까. 그러니 나는 그냥 쓰고 또 쓰고 있으면 되는 것이었다. 그리고 그것은 내가 가장 잘하는 일이었다.

애초에 경쟁할 일도 아니었지만, 나는 누구하고도 경쟁이나 비교를 하

嚴肅整齊

마음을 엄숙히 하고
외모를 정제한다

엄숙정제(嚴肅整齊), 33×53cm

지 않았다. 빨리 어떤 단계에 오르고 싶다는 조바심도 갖지 않았다. 하다 보면 될 거라는 마음 하나로 죽자사자 썼다. 그뿐이었다.

서예를 2년 정도 했다. 그때쯤 그림이 눈에 들어왔다.

내가 그림에 입문한 순서는 사군자, 산수화, 문인화 순이었다. 굳이 구분하자면 그렇다는 것이지, 이 세 가지 모두 한국화라는 큰 이름 안에서 화법과 소재가 서로 넘나드는 우리 고유의 전통 회화다.

사군자와 산수화는 선묵헌 강선구 선생님이 지도하시는 선묵헌교실에서 수학했다. 전에 다니던 서예 교실보다 집에서 멀었는데 아직 내 차가 없을 때라 걸어서 다녔다. '엉덩이는 나중에 와라 머리는 먼저 간다'는 더 심해졌다.

벼슬을 하지 않은 문인 사대부들이 자신의 절기와 의기를 담아 표현해낸 그림이 문인화다. 소재는 주로 자연에서 가져오는데 그중에서도 매난국죽(매화, 난초, 국화, 대나무) 네 개의 화목을 주요 소재로 하는 문인화를 따로 떼어내 사군자라고 말한다.

'여백의 미'라는 것이 가장 잘 표현되는 것이 문인화다.

매난국죽이든 무엇을 그리든 화선지를 가득 채우지 않는다. 물 흐르듯 자연스럽게 뻗어 나간 가지와 꽃잎들 사이로 여백이라는 무색의 바다가 출렁거린다. 그래서 문인화는 단아하면서도 동적이다. 자기 마음이 지금 무엇을 바라보는가에 따라 찻물처럼 고요할 수도 있고, 장수처럼 기백이 넘칠 수도 있다.

나는 자기 내면의 다채로운 심상을 표현하는 문인화의 그런 점에 이끌

어디로 갈거나, 35×38cm

한일(閑日), 70×35cm

렸다. 처음에는 매난국죽 사군자부터 했다.

그림 역시 서예처럼 나에게 유별난 재능이 있는 것 같지는 않았다. 꽃잎이나 나무 등 사물의 형상을 묘사하는 디테일이 쉽지 않았다. 그림의 전체 구도를 설계하는 안목도 없었다. 남의 그림을 보아도 그것이 어떤 수준인지 처음에는 전혀 가늠되지 않았다.

'뭐 어때. 서예를 할 때 쓰고 또 쓰고 했던 것처럼 그림도 그리고 또 그리고 하다 보면 되겠지.'

재능이 없다는 것에 나는 여전히 기죽지 않았다.

서예를 처음 시작했을 때처럼 나는 교실에서 돌아오면 그날 공부한 것을 반복해서 그렸다. 처음엔 그림 전체를 그리는 건 엄두도 내지 못했다. 그건 나만이 아니라 회화를 처음 시작하는 사람은 다 마찬가지다. 이파리 하나조차 섬세하게 다루지 못하면서 한 그루 나무를 그릴 순 없다. 누구나 처음에는 글씨 한 획을 긋듯이 사물의 가장 단순한 형태를 묘사하는 것으로 시작한다.

나는 선생님이 시키는 대로 댓잎 하나, 매화 꽃송이 하나를 비슷한 모양이 나올 때까지 질리도록 반복해서 그렸다. 댓잎을 그렸는데 처음에는 지렁이가 나온다. 잘해 봐야 말린 고추 아니면 시커먼 고드름 같다. 댓잎 특유의 차가운 날카로움이나 씩씩한 정기 같은 건 언감생심이다.

'이렇게 해서 어느 세월에 그림 한 장을 완성해 보나. 거 참 쉬운 건 하나도 없네.' 그렇게 좀 아득하기는 했다.

어차피 내 성격과 재능을 알고 있었다. 한 계단 한 계단 눈앞의 계단을 묵묵히 올라가는 것이 내가 할 일이었다. 나는 매일매일 수없이 많은 이

추정(秋情), 42×50cm

파리와 꽃잎과 가지와 줄기를 그렸다.

어느 날부터 꽃잎이 꽃잎다워졌다. 이파리가 이파리다워졌다. 비로소 화선지에 온전한 화목 한 그루를 담을 수 있는 기초가 잡혔다.

그때쯤 새로운 공부가 시작되었다. 한 그루 화목을 완성할 수 있으면 이제 화선지 안에 자리를 잡아주어야 한다, 그리는 대상을 사각의 공간에 조화롭게 배치하는 일, 구도 만들기다.

예를 들어 매화를 그린다 하면, 몸통인 나무 줄기가 왼쪽 하단에서 올라갈 수도 있고, 오른쪽 중단에서 시작할 수도 있다. 꼿꼿이 올라갈 수도 있고 슬쩍 꺾이면서 휘늘어질 수도 있다. 가지와 가지를 어떤 식으로 겹

쳐가며 배치할지, 꽃은 몇 송이나 매달지, 이런 모든 것이 구도다. 구도에 따라 매화에 흐르는 정취가 달라진다.

구도를 잡는 일에서부터 조금씩 화가 자신의 개성이 드러나기 시작한다. 구도란 한 마디로 공간을 연출하는 일이다. 건축물 설계가 안전과 편리 등 실용적인 면에 중점을 둔다면 그림에서는 순전히 그리는 이 자신의 취향에 따라 공간이 설계된다.

어찌 보면 집안 꾸미기와 다르지 않다. 남의 집에 처음 들어가면 대번에 집주인의 취향이 보인다. 가구가 어떻게 배치돼 있는지, 꽃병, 액자, 시계 같은 소품들이 어디에 어떤 식으로 놓여 있는지에 그 사람의 성격과 정서가 다 들어가 있는 것이다.

기초가 잡혀 내 손으로 한 그루의 화목을 그려낼 수 있게 되자 비로소

만추(晚秋), 41×54cm

내가 무언가 창작을 하고 있다는 실감이 들었다. 필법이 무르익지 못해 아직 '화풍'을 말할 단계는 아니어도 나의 매화, 나의 난초, 나의 국화, 나의 대나무, 나 김창례의 사군자가 표현되기 시작했다.

재미가 붙기 시작하면서 그리는 일은 오히려 조심스러워졌다. 나의 '작품'을 선보이는 일 아닌가. 미적인 면에서야 당연히 아직 서툴겠지만 그림에는 일단 나의 성정이랄까 기질이랄까, 인간 김창례의 내면이 고스란히 투영되는 것이다.

누가 내 그림을 보고 있으면 나의 속살이 노출된 것처럼 부끄러웠다. 남들에게 내 그림은 어떻게 보일까? 마치 고해성사 자리에 와 있는 것만 같은 기분이었다. 특히 선생님이 내 그림을 보고 있으면 쥐구멍에라도 숨고 싶었다. 선생님 입에서 무슨 말이 나올지 가슴이 조마조마했다.

강선구 선생님은 과묵한 분이었다. 수강생이면서 제자인 우리들에게 시시콜콜한 잔소리는 하지 않았다. 교실 한쪽에 앉아 가만히 바라보고 있을 뿐인데, 말 없는 그 눈길이 오히려 무서웠다. 선생님이 등 뒤를 지나가기라도 하면 붓을 잡은 손이 바르르 떨렸다.

제자들이 화선지 한 장을 채울 정도의 실력이 되자 선생님은 우리를 밖으로 데리고 나갔다. 실제 풍경을 보면서 그려보는 일, 그걸 사생회라고 한다. 선생님은 인천의 소래포구, 충청도 어느 바닷가의 뻘 같은 곳들에 우리를 데려갔다. 사군자에서 실경산수화로 넘어간 것이다.

실경산수화는 보통 수묵으로 시작한다. 묵 빛의 흐리고 진한 농도만으로 사물을 표현한다. 수묵화에는 수묵화만의 그윽한 맛이 있다. 흑백사진이 컬러사진에는 없는 담백하고도 깊은 느낌을 자아내는 것과 마찬가지다.

수묵이 어느 정도 진전되면 채색으로 넘어간다. 익히는 순서가 그렇다는 것이지 채색이 수목보다 고급한 단계여서 그런 건 아니다. 처음부터 이것저것 색깔을 입히면 그림이 쓸데없이 요란해진다. 실경에 가까워지는 게 아니라 오히려 멀어진다. 묵 빛 한 가지 색깔만으로 사물의 질감을 표현할 수 있어야 자기만의 컬러도 찾을 수 있게 된다.

선묵헌교실에 다니던 중에 인천의 지금 이 집으로 이사했다. 나는 이사 온 후에도 부천의 선묵헌교실에 계속 다녔다. 그렇게 강선구 선생님 교실에 13년을 다녔다.

수강생들은 공부하는 중에 최소 일 년에 한 번은 공모전에 출품한다. 공모전 출품은 실력이 출중한 사람만 하는 것이 아니다. 나의 그림이 객관적으로 어느 정도 성장

비파도(枇杷圖), 200×70cm

했는지, 그동안 쌓은 기량을 교실 밖의 무대에서 한번 겨뤄보는 것이다.

선묵헌교실에서 13년 공부하면서 나 역시 여러 번 공모전에 출품했다. 그리고 경인미술대전 우수상 등 몇 번의 입상을 했다. 나름 어디에 가서 그림 그린다고 말할 정도는 된 것이다.

이 집에 이사 오고 나서도 3년을 더 선묵헌교실에 다녔다. 그때쯤엔 나에게도 차가 생겨서 조금 수월하게 오갈 수 있었다. 그러나 집에서 멀다 보니 늘 급하게 차를 몰게 되는 것이 불편했다. 학교처럼 매일 오가야 하는 곳이니 좀 가까운 곳이면 좋을 것 같았다.

그러다가 인연이 된 것이 임종각 선생님이었다. 그분이 가르치는 교실은 송도 우리 집에서 멀지 않은 곳에 있었다. 그런데 교실에 가보니 임종

금풍옥로, 34×33cm

각 선생님은 문인화 전문이었다. 그래서 자연스럽게 문인화 쪽으로 발길이 옮겨갔다.

문인화에는 서예가 필수적이다. 문인화에서는 '화제(畵題)'라고 해서 그림과 별개로 화선지 한쪽에 몇 줄의 글을 남긴다. 직접 지은 짧은 시구일 수도 있고 선인들의 좋은 문장 중에서 빌려오기도 한다.

어느 경우든 글씨 수준이 어느 정도는 되어야 그림에 격이 갖추어진다. 그림은 괜찮은데 글씨가 엉망이라면 아무래도 그림의 격이 떨어진다. 그래서 문인화를 하려면 글씨도 따로 익혀야 한다. 그 점에서 나는, 일부러 그런 순서를 지킨 건 아닌데 서예 공부를 미리 해둔 것이 다행이었다.

그러나 문인화에 깊이 들어갈수록 글씨를 좀 더 잘 쓰고 싶다는 욕심이 생겨 서예도 다시 시작했다. 전에 다니던 부천에 가기는 힘들어 인천에서 알아보다가 민승기 선생님이 하시는 서예교실에 나가게 되었다.

문인화에 몰두하던 그 무렵, 그린다는 일에 대하여 내 안에 미묘한 변화가 있었다. 사군자와 실경산수까지 접했던 나에게 문인화라는 장르는 생소하지 않았다. 이미 문인화를 그려왔다고도 할 수 있다. 그럼에도 본격적으로 문인화에 집중하게 되자 무언가 이전과는 다른 마음이 싹트기 시작했다.

문인화는 그 시초가 직업 화가들이 아닌 사대부 선비들의 여흥이었다. 그렇다고 문인화가 다른 그림에 비해 격이 떨어지는 건 아니다. 추사 김정희의 문인화 '세한도'는 조선시대 최고의 명화 중 하나로 꼽힌다.

문인화가들은 자기 내면의 사상과 철학을 표현한다는 것에 가장 큰 의미를 두었다. 마음을 수양하는 과정이면서 남들에게 자신의 지적 교양을 내보이는 도도한 여흥이었던 것이다. 문인화의 그런 정신적 기품이 새삼 내 마음을 설레게 했다.

그즈음에 이르러 나의 그림 실력이 크게 성장해 있던 것도 내 마음 자세가 달라진 이유의 하나였을 것이다. 그림을 시작한 지 어느덧 10여 년이었다. 이제는 나도 어엿이 한 사람의 화가로 불릴 만한 수준에 도달해 있었다. 그러자 어느 순간, 나의 감정과 정신이 담긴 김창례만의 그림을 갖고 싶어졌다. 새로운 성취 목표가 생긴 것이다. 그림을 대하는 마음이 전보다 진지해지고 엄정해졌다.

이루고 싶은 목표가 생기자 그림 그리는 일은 사실 더 어려워졌다. 남들이 열 장 그리면 나는 백 장을 그리는 노력으로 나의 재능 부족을 상쇄시켰는데 이제는 그런 노력과 자세만 갖고는 안 되는 것이다.

기술적 숙련도보다 용필법 자체가 새롭게 정순해져야 했다.

내 마음에 꽃이 피면 그 꽃이, 바람이 불면 그 바람이, 나의 손끝을 타고 붓으로 넘어가 그림이 된다.

나의 댓잎에서 바람소리가 들릴까?

나의 산수에서 새소리가 들리고 물소리가 들릴까?

밀레의 '만종'은 다른 화가의 그림보다 기술이 뛰어나서 명화가 아니다. 기술적으로 그런 구도, 그런 색감, 그런 분위기의 그림을 그릴 수 있는 화가는 많다. 기술이 있고 없고의 문제가 아니다.

고단한 하루 농사일을 끝내면서 잠시 저녁기도를 드리고 있는 농군 부부의 애틋한 모습. 근처 어느 교회에선가 들려오는 예배 종소리. 먹이를

하일청향(夏日淸香),
135×50cm

삼봉도(三峰島), 52×70cm

찾아 들판에 내려앉는 새들의 정겨운 소란스러움.

우리네 삶의 그런 익숙한 장면들에서 인생이라는 여정의 신비로움을 볼 수 있을 때 '만종'이 시작된다. 시선의 문제이고 성찰의 문제이다. 생을 들여다보는 감수성이 섬세해야 하는 것이다.

그것이 쉽지 않았다. 직업 화가로 산다면 모를까 솔직히 보통의 생활인으로서는 그런 감수성을 지속적으로 유지한다는 것 자체가 긴장을 안고 사는 일이다.

그림을 시작한 지 십여 년 만에 새삼 그리는 일의 어려움을 느꼈다. 사물의 형태를 내가 원하는 모양으로 표현할 수 있는 실력은 어느 정도 갖추었다. 붓을 놀리는 기량면에서는 나름 수준급이 되었다고 할 수 있었다. 그러나 내 마음 안의 그림을 실제 화선지에 표현하는 데에는 늘 아쉬움이 많았다.

예를 들어보면 이렇다.

낡은 배 몇 척만 남아 있는 인적 끊어진 포구를 그린다고 하자. 풍경 자체가 황량하므로 눈에 보이는 대로만 담담하게 묘사해도 쓸쓸한 분위기가 표현된다.

그런데 그림에서 쓸쓸함만이 아니라 한때 그 포구에 넘치던 웃음과 씩씩한 활기도 동시에 느낄 수 있도록 그린다면 어떨까. 그러면 사람들은 장면으로서의 쓸쓸함만이 아니라 세월의 무상함이라고 하는 보다 깊은 고요를 감상할 수 있을 것이다. 그런데 그런 깊은 고요를 담고자 하면 보이는 대로 그리는 단순한 실경 묘사를 넘어서는 창의적인 감각이 필요하

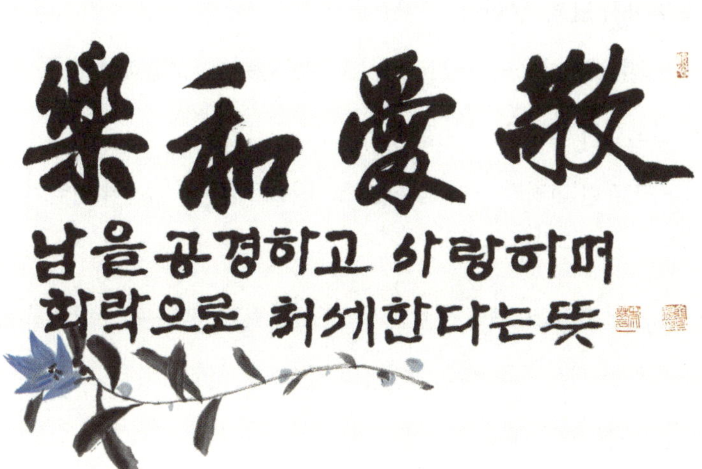

경애화락(敬愛和樂), 35×58cm

다. 바로 그 점에서 나는 수시로 나의 한계와 직면했다.

드라마에 흔히 나오는 장면, 오랜 시간 구워낸 도자기를 가마에서 꺼내자마자 바닥에 내동댕이치는 도예가들의 마음을 알 것 같았다. 마음에 그리고 있는 형상과 실제 만들어진 형상에 괴리가 있는 것이다. 기량과 안목이 높아진다는 건 그런 일이다. 객관적으로는 작품 수준이 높아졌으나 자기 만족감은 오히려 떨어진다.

그 무렵 그리는 일을 접을까 여러 번 고민했다. 나의 재능으로 더 이상은 올라가지 못할 것 같았다. 초보 시절 형편없는 수준일 때는 오히려 대범했는데 실력이 오르면서 자주 그런 갈등에 휩싸였다.

'내 능력으로는 여기까지가 아닐까. 실컷 그려봤으니 이제 그만해도 되지 않을까.'

내가 좌절감에 빠져 있으면 남편이 옆에 슬며시 다가와 말했다.

"실망하지 마요. 당신이 얼마나 훌륭한데 그래요. 붓만 들면 새도 나오고 꽃도 나오고 하늘도 나오고 나무도 나오잖아요. 조급해 하지 마요. 당신을 믿으면서 그려요."

남편의 그런 격려가 힘이 되었다. 그만두고 싶어도 남편의 진심어린 격려에 포기할 수가 없었다.

그러던 남편이 2003년 세상을 떠났다. 영원한 나의 우군, 누구보다 나를 믿어주던 정신적 후원자가 곁을 떠났다. 한동안 아무것도 그릴 수 없었다. 그림뿐인가, 내 삶의 기반 전체가 무너진 듯한 허망감이 밀려와 일상에 꼭 필요한 일 말고는 무엇에도 마음이 가지 않았다.

월야강변(月夜江邊), 44×53cm

다시 붓을 잡은 건 남편이 떠나고 몇 달 지나서였다. 아무 생각 없이 몰입할 일이 필요했다. 그렇게 그림을 다시 시작했지만 그때부터 그림은 정말 외로운 일이 되었다. '누가 내 그림을 기다려주는가. 봐주는 이 하나 없는데 나는 왜 이걸 하고 있나.' 불쑥불쑥 그린다는 일의 무의미함이 나를 멍하게 했다. 그러면서도 나는 그리는 일에 묵묵히 마음을 쏟았다. 나의 가장 적극적인 지지자였던 남편이 세상을 떠나면서 그림을 대하는 자세에 다시 새로운 변화가 왔던 것이다.

그림에 대해 나는 더 이상의 어떤 욕심도 부리지 않았다. 해오던 일을 한다는 단순한 마음을 가졌다. 매일 밥을 하듯, 밥 먹고 나면 설거지하듯, 어제 그리던 것이 있으니 오늘 이어서 그릴 뿐이었다. 그림은 이제 취미도 예술도 뭣도 아닌 그냥 일상이 되었다. 어쩌면 그것이 바로 '초심으로 돌아가는' 거였는지 모르겠다.

그 후 대한민국미술대전에서 특선을 두 번 했다. 몇 번의 입선을 거치고 난 후였다. 대한민국미술대전은 보통 '국전(國展)'이라는 이름으로 더 알려져 있는 우리나라 최고 권위의 공모전이다. 나는 이 대한민국미술대전의 입선과 특선 경력을 바탕으로 2008년 마침내 초대작가가 되었다.

초대작가가 된다는 건 남의 심사를 받는 위치를 넘어섰다는 의미다. 공모대회에 출품해 심사를 받는 것이 아니라 초대를 받아 작품을 전시하는 급이 되는 것. 한 마디로, 자기 세계를 지닌 한 사람의 화가로 당당히 공인되는 것이다.

내가 그림을 시작한 것은 1989년이었다. 그리고 1996년에 경인미술대전 한국화 부문에서 처음 입선을 했다. 그 후 인천미술대전, 제물포서예문인화대전 등 많은 대회에서 우수상 등 여러 번 입상을 했다. 그리고 마침내 입문 20년 만에 대한민국미술대전에서 연속 특선을 받으며 초대작가 반열에 오른 것이다. 남편이 세상을 떠난 지 5년 되던 해였다.

소나무(松), 170×37cm

설악(雪嶽), 35×41cm

회화 작가가 명창이 되다!

국악에 입문한 것은 2013년이다. 그리고 5년째 되던 2018년에 경기민요로 명창 칭호를 받았다.

'명창'을 미술의 '초대작가'급이라고 한다면 그림에 바친 20년 세월에 비해 5년은 짧은 기간이다. 소리가 그림에 비해 쉬워서도 아니고, 소리 공부를 그림보다 더 열심히 해서도 아니다. 거쳐온 과정은 비슷하다. 다만 그림을 시작했을 때와는 생활 여건이 다르고 집중한 시간도 달라 생각보다 빨리 명창이 되었다. 어릴 때부터 노래를 좋아하기는 했다. 제법 잘 부른다는 얘기도 들었다. 그러나

경기민요 연합 발표회

경기민요 발표회

제3회 수원 전국국악경연
대회에서 드디어
명창 대상을 받다.

소리에 입문한 건 우연이라면 우연이었다.

소사성당에서 노인대학 주임교수직을 맡고 있을 때다. 명예로운 중책이었으므로 나는 좋은 커리큘럼을 만들고자 열정을 갖고 준비했다. 흥겨운 레크리에이션을 비롯 건강에 도움 되는 지압 강의 등 여러 프로그램을 기획했는데, 그중에 민요 시간도 있었다.

명창 김석숭 선생님을 모신 민요 시간은 사람들의 열띤 호응을 받았다. 독실한 가톨릭 신자이기도 한 김석숭 선생님은 삼현육각 장구 예능 보유자로 지정된 분으로, 국악의 대중화와 봉사활동에 힘써온 분이다. 그분이 장구를 치면서 신나게 노래 부르면 사람들의 어깨가 들썩거렸다. 어느 땐 한없이 구슬프게 소리를 하시는데 그러면 저마다 한세월을 살아온 노인들의 얼굴에 숙연한 감회가 서리곤 했다.

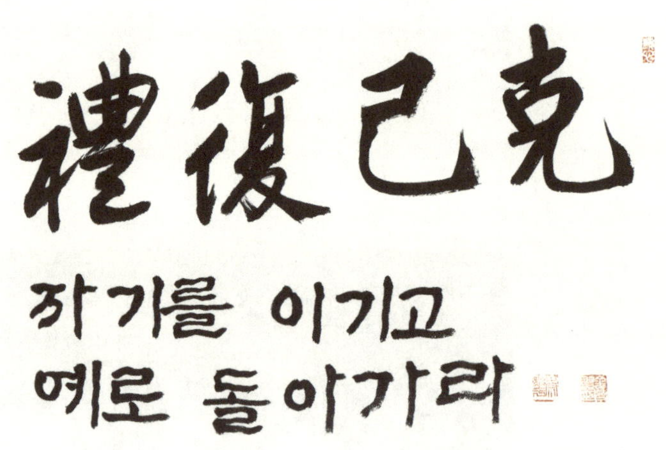

극기복례(克己復禮), 34×55cm

나는 그 민요 강의에 매번 참석해서 노인대학 학생분들과 함께 소리를 조금 배웠다. 해보니 일반 가요와는 많이 달랐다. 창법 자체가 금방 따라 할 수 있는 게 아니면서도 가슴에 파고드는 묘한 맛이 있었다. 우리의 전통 가락은 역시 다르다는 것을 느꼈다. 노래마다 가슴 저 깊은 곳에서 심금을 울리는 것이 있었다. 더욱이 그냥 청중으로 들을 때보다 직접 한 소절이라도 부르고 나면 가사의 그 애잔한 사연들이 가슴에 사무치게 흘러들었다.

제대로 소리를 배워보고 싶었다. 배움에 대한 내 욕심이 또 시동을 걸기 시작했다. 수봉공원에 수봉문화회관이 있는데 그곳에 국악교실이 있었다. 나는 덜컥 거기에 수강 신청을 했다. 그러고는 매일 밤 7시에 교실로 가 생전 처음 접하는 장구도 두드리면서 소리의 세계에 입문하였다.

무슨 공부든 쉬운 게 하나도 없다. 장구 치는 게 그렇게 힘든 줄 몰랐다. 팔도 아프고 어깨도 아프고 허리도 아프고, '늦은 나이에 이게 웬 고생이냐' 싶게 온몸 안 아픈 데가 없었다.

소리를 내는 건 말할 것도 없다. 민요는 일반 가요와는 꺾거나 내지르는 방식이 완연히 다르다. 태어나서 노래라는 걸 처음 불러보는 것만 같았다. 한 곡을 두어 번만 부르면 벌써 목젖이 뻣뻣해졌고, 나중에는 성대에 마비가 와서 말하는 것조차 힘이 들었다.

본격적으로 소리 연습을 할 때는 강의실에서 하지 않는다. 조용한 섬을 찾아가거나 사방이 큰 바위로 둘러싸여 소리가 퍼지지 않는 곳에 자리를 잡는다. 그러고는 무슨 도를 닦듯이 한 자리를 지키며 하루 내내 소리를

원주에 사시는 사돈 마을을 방문하여 자원 봉사

질러댄다. 그러다 보면 목에서 피가 나온다.

가사를 외우는 것도 일이다. 창부타령 등 비교적 짧은 것도 있지만 10절 이상 되는 노래는 곡 하나가 몇십 페이지를 넘어간다. 그걸 다 외워야 하는데 매번 노래를 불러가면서 외울 순 없으니 초등학생들 받아쓰기 연습하듯 공책 가득히 수없이 반복해서 노랫말을 적는다.

미술에 공모전이 있듯이 민요에도 노래를 겨루는 대회가 있다. 전국에 수많은 경연대회가 있다. 어느 정도 목이 트여 한 곡을 그럴싸하게 부를 정도가 되면 대회에 나가기 시작한다.

나는 입문한 지 2년쯤 지나서 처음으로 대회에 나갔다. 노래 대회는 미술 공모전과 많이 다르다. 미술 공모전은 혼자 집에서 그려 출품하지만 노래 대회는 사람들 앞에서 직접 부르게 된다. 심사위원, 경연자들, 그리고 수백 명의 청중 앞에서 노래를 불러야 한다.

무대에 오르면 눈앞이 캄캄해져 아무것도 안 보인다. 머리가 백지처럼 하얘지면서 수없이 불렀던 가사가 하나도 생각나지 않는다. 실제로 대회에 가보면 무대에서 한 소절도 부르지 못하고 멍하니 서 있다가 내려오는 사람들이 꽤 있다.

대회에 참여하기 위해 전국 곳곳 안 가본 곳이 없었다. 서울, 대전, 부산 찍고 중국에까지 건너갔었다. 대회가 정해지면 당일에 맞춰 컨디션 조절을 하는 것이 가장 중요하다. 그림은 손이 잘 풀리는 날을 선택해 그릴 수 있지만 노래 대회는 정해진 날에 무조건 불러야 한다. 그래서 목소리를 유지하기 위해 대회를 며칠 앞두고는 웃는 것조차 조심해야 했다.

그렇게 온갖 대회에 참여하면서 수없이 떨어졌다. 열 몇 명 안에 들기도 하고, 3등도 하고, 2등도 하고, 1등도 했다. 그리고 5년 만에 경기민요 명창 대상을 수상하며 명창 반열에 오르게 되었다. 예순여덟 살 때였다.

*

나는 문인화 초대작가가 된 후 한동안 심사위원으로 활동하긴 했으나 더 이상 그림에 깊이 정진하지는 않았다. 민요 역시 명창이 되고 난 후 소리 공부를 더 이상 하지 않았다.

명창이나 초대작가가 된다는 건 그것을 직업으로 삼아도 될 만큼의 기량이 있다고 인정받는 일이다. 말하자면 해당 분야에서 '프로'가 된 것이라 할 수 있다.

한중예인전(韓中藝人展) 공연

나는 타고난 재능도 없이 그 정도 이룬 내 자신이 대견했다. 정말 기뻤고, 자긍심도 생겼다. 하지만 그쯤에서 그만해도 될 것 같았다. 이삼십대 젊은 나이가 아니지 않은가. 게다가 처음부터 '인생의 길'로 생각하고 뛰어든 것도 아니었다.

물론 예술적 완성도에 욕망이 있다면 그것은 끝이 아니라 시작이 되어야 할 것이다. 명창이나 초대작가는, 이제야 비로소 자기만의 예술 세계를 추구할 수 있는 시작이라 할 수 있으니까.

그런데 나의 소망은 그런 쪽에 있지 않았다. 개인적인 성취감으로는 그 정도 올라선 것만으로 충분히 만족하였다. 더 이상의 욕심이야말로 오히려 '나'를 벗어나는 일일 것 같았다.

나는 봉사하고 나누면서 사람들과 함께할 수 있는 일에 더 가치를 두고

색소폰 연주를 통해 대중음악의 새로운 지평을 넘보며.....

있었다. 그림이든 소리든 그 길의 끝까지 가보겠다는 건 적어도 나의 욕망은 아니었다.

내 성격상 배움에 대한 욕망은 아마 죽을 때까지 계속될지 모른다. 그러나 내가 무언가 더 배운다면 이제는 사람들과 직접적으로 나누며 보람을 느낄 수 있는 쪽이었으면 싶다.

내가 소리 공부를 정리한 후 색소폰과 전자오르간을 시작한 건 그 때문이었다. 이 악기들은 혼자보다는 여러 청중과 어울릴 때 쓰임새가 더 빛난다. 봉사활동이나 즐거운 잔치 자리에 딱이다.

70세 되던 해에 색소폰에 입문했다. 색소폰에 어느 정도 자신감이 붙으면서 75세에는 전자오르간을 시작했다. 2~3년 지나자 악보 없이 50곡

청죽지심, 70×135cm

이상을 칠 수 있게 되었다. 악기를 연주하는 건 혼자 그림을 그리는 것과 는 완전히 다른 세계였다. 즉석에서 청중의 호응을 받는 것이 즐거우면서 보람되었다. 지금까지 쉬지 않고 소외된 공동체에 공연을 다니고 있다.

색소폰이나 오르간은 프로급까지 오르고 싶은 욕심이 없다. 이제는 사

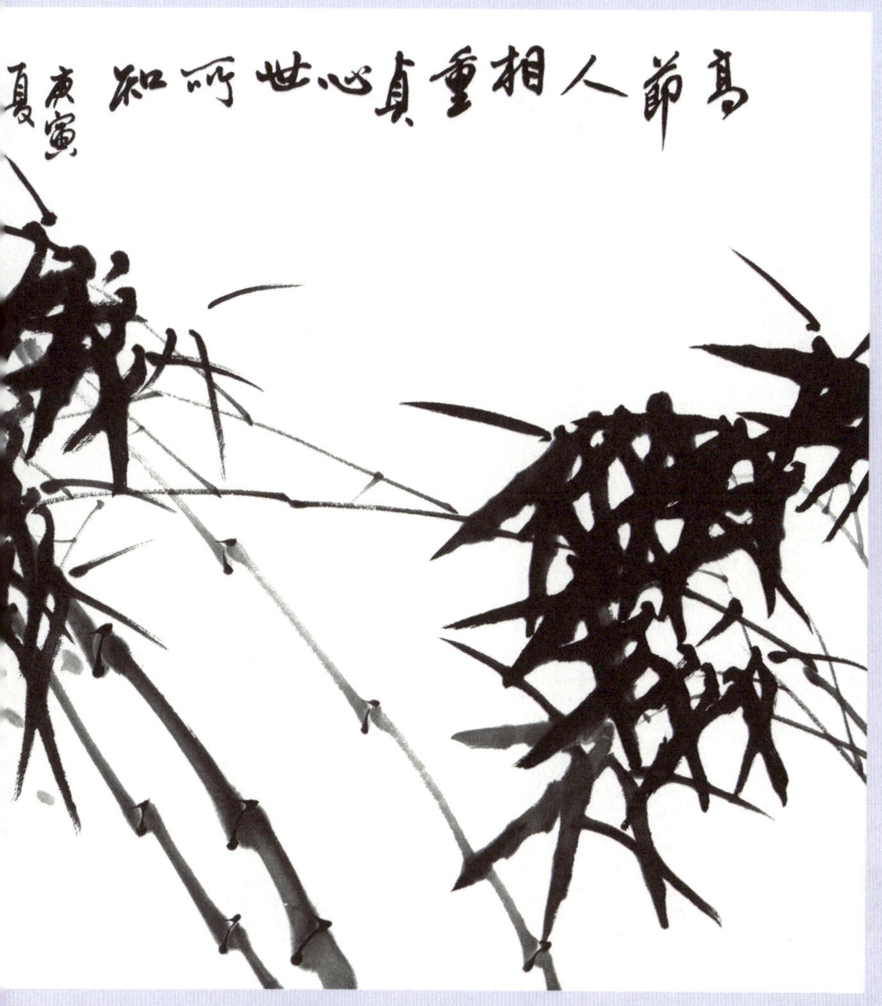

실 그만큼의 노력을 바칠 체력도 없다. 그저 즐거운 자리에서 즐거운 분위기를 만드는 데에 한몫할 정도까지만 노력하고 있다.

모르지 또, 어느 날 색소폰이나 전자오르간 경연대회에 나간다고 밤새워 땀 흘리고 있을지도…….

월척도(越尺圖), 35×51cm

제 6 부

내 신앙의 발자취

내 신앙의 발자취

1970년도에 세례를 받았다. 당시 나이 25살이었는데, 그 전까지는 성당에 다닌 적이 없었다. 기독교뿐 아니라 어느 종교에도 관심을 가져보지 않았다. 그랬는데 결혼을 계기로 내 인생에 슬며시(?) 그리스도가 디가왔다.

“너도 이제 우리 집안 사람이니 성당에 가서 교리를 받아라.”

결혼하기 전 시가에 처음 찾아갔을 때 시어머니 될 분이 하신 말씀이다.

시가는 당시 그이가 먼저 입교를 한 후 다른 식구들도 차례차례 입교를 하여 집안 모두가 가톨릭 신자였다. 나는 시집을 가면 시댁에 모든 걸 맞춰야 한다고 생각하여 그 후에 바로 인천교구 답동성당에 예비신자 등록을 하고 교리 공부를 시작했다.

느닷없이 시작된 신앙생활이었으므로 처음에는 별다른 신앙심이 없었다. 입학 연령이 돼 학교에 들어간 초등학생처럼 나에게 새롭게 주어진 의무로만 생각하며 성당을 다녔다.

주교님 모시고 사목회 일동

신앙심은 없어도 교리 공부만은 누구보다 열심히 했다. 내 성격이 원래 무슨 일이든 건성으로 하는 법이 없다. 게다가 옛날이나 지금이나 나는 그게 어떤 공부이든 새로 배우는 건 무조건 좋아한다. 주기도문을 비롯해 십계명, 사도신경, 성모송 등등 외워야 할 것들이 참 많기도 했는데, 나는 기도문 적힌 종이들을 늘 갖고 다니면서 수시로 들여다봐 남들보다 일찍 다 외워버리곤 했다.

요즘엔 교리 공부를 6개월간 하는데 당시에는 1년이었다. 나는 직장과 집안일로 늘 바쁘면서도 1년간 교리 공부에 한 번도 빠지지 않았다. 가톨릭 성지인 절두산이나 김대건 신부 묘소 참배 등 성지순례 행사가 있으면 누가 시키지도 않았는데 앞장서 사람들을 인솔하고 다녔다. 행사 때마다

포도(葡萄), 170×37cm

내가 소풍처럼 즐거워하며 적극적으로 사람들을 챙기자 담당 수녀님은 나를 매우 대견하게 여겼다.

1970년 12월에 개근상을 받으면서 영세를 받았다. 세례명은 '루시아'로 정했는데 수녀님에게 받았다. 수녀님이 말씀하시길, "루시아는 눈이 없는 사람에게 자기 눈을 빼 줄 정도로 봉사와 희생정신이 투철한 성녀였다"면서 "나하고 딱 맞을 것 같다"고 추천하시기에 그대로 받아들였다.

그처럼 열심히 교리를 익혔고 세례까지 받았지만 그때까지도 나의 신앙심은 그만그만했다. 하느님을 자기 삶의 주인이요 주재자로 받아들인다는 건 결단이 아니라 마음의 문제일 것이다. 지금부터 '믿자' 하고 결심한다고 믿음이

신부님·수녀님과 함께
사목회 산토리니 여행

세례 받은 대녀와 함께

시작되는 게 아니다. 어느 순간 자기 마음에 하느님이 들어와야 한다. 이 세계의 모든 배후에 그분이 존재한다는 것, 시작과 끝이 다 그분에게서 나온다는 것이 가슴에서 저절로 받아들여져야 한다. 그래야 자연스러운 우러름과 헌신이 나온다.

그렇게 보면 세례를 받았던 그 무렵의 내 신앙심은 가톨릭 신자라는 새 학적부 하나가 생긴 것일뿐 진정한 믿음과는 아직 거리가 있었다. 그럼에도 불구하고 가톨릭 교회를 다닌다는 것이 자랑스럽고 마음에 위안이 되었다. 고된 시집살이에도 신앙생활은 나의 즐거움이자 위로에 큰 역할을 했다.

아이들 삼 남매를 성당에 보내어 복사도 서고 전례를 보는 딸들, 아빠와 엄마가 주일을 거룩하게 보낼 때 감사의 기도가 절로 나왔다. 우리 부부는 다양한 단체에 봉사를 다니면서 마음을 다하여 전교에도 힘썼다. 그러나보니 대자 대녀가 100명이 넘게 되었다. 대자 대녀들은 각 본당에서 자기 역할을 충실히 하며 대부님과 대모님을 닮은 사람이 되겠다고 각오를 다진다.

얼마나 감사한 일인가!

40여 년을 본당 활동하면서 하느님께 받은 은혜와 크신 사랑은 너무나 가득합니다. 생각만 하여도, 다 알아주시는 하느님! 참으로 좋으십니다. 영광과 찬미 받으옵소서. 아~멘!

해바라기의 오후, 34×34cm

동리가색(東籬佳色), 170×37cm

전교의 발자취

우리 집 바로 옆에 사시던 상아 할머님께는 10년 넘게 담 하나를 사이에 두고 친하게 지내면서도 입교를 위한 별다른 노력을 하지 않았다. 그런데 하루는 나를 보시더니 "집이는 왜 나보고 성당에 가자고 안 해요?" 하시는 것 아닌가.

나는 속으로 너무 흐뭇했다. 그래서 얼른 입교 용지를 갖다드리며 그제야 처음으로 하느님과 성당에 대해 여러 말씀을 드렸다. 그분은 자못 즐거워하며 흔쾌히 입교 용지를 작성하셨다. 그것을 시작으로 나중에는 그 집의 온 가족이 세례를 받았다.

몇 해 전에는 우연히 울산의 어느 민박집에서 하루를 묵은 적이 있다. 집에 돌아오고 난 며칠 후 민박집 남편이 전화를 걸어왔다.

"여사님이 다녀가신 후에 이상하게도 천주교인이 많이 오시네요." 하면서 "자기 아내가 우리도 성당에 나가면 어떨까요?" 하더란다.

허정자 세시리아 부부 견진성사. 주교 나귀멜로 / 신부 김현수 토마스 (1991. 6. 16)

흐뭇했다. 민박집 주인 부부는 오십대로 매우 친절한 분들이었다. 즐겁게 여러 대화를 나누긴 했었지만 고작 하룻밤 인연인데 그런 전화를 주신 것이다.

나는 입교 용지를 넉넉하게 준비해 다시 울산으로 내려갔다. 그리고는 먼저 민박집 근처의 성당을 알아보고 그 집으로 갔다. 가보니 주인 부부의 친구와 다른 민박 손님들도 있었다. 나는 그분들 모두에게 입교 용지를 나눠드리고 천주교에 대해 설명해 주었다. 그리고 이튿날, 나는 민박

상덕돈화(象德敦和), 34×60cm

집 부부 포함해 세 분을 모시고 인근 복산성당으로 가 함께 교중미사를 보았다. 나는 본당 신부님과 교리수녀님도 찾아뵙고는 그분들을 잘 챙겨 달라고 부탁하고 올라왔다.

지금 대녀인 아녜스는 어머니와 함께 영세를 받게 했는데, 그 남편 되시는 분의 경우는 그야말로 난공불락의 철옹성을 내가 끊임없는 도전으로 회유한 경우다.

그분은 전직 공무원으로 청렴결백하고 깐깐하게 사신 분인데 고집이 보통 강한 분이 아니었다. 내가 입교를 권해볼까 하자 상아 할머님은 고개부터 설레설레 흔들었다.

"괜한 수고만 하실 것 같으니 아예 생각도 하지 마세요."

그렇게 가족들부터 입교에 회의적이었다. 그 말에 오히려 나는 은근히 도전 의지가 피어올랐다. 그래서 틈나는 대로 조금씩 입교에 대한 말을 꺼내기 시작했다. 하지만 입교를 강하게 권하지는 않았고 천주교 아니면 안 된다는 식의 말도 하지 않았다. 다만 만날 때마다 "가족이 정신적으로 일체를 이루는 것이 중요하지 않겠어요?" 하는 말만 강조했을 뿐이다. 결국 권유 2개월 만에 허락을 받고 입교를 시켜드릴 수 있었다.

그런 식으로 지금까지 가톨릭에 입교시킨 사람이 50여 명이다. 그리고 그런 분들을 포함해 지금까지 100여 명의 대자 대녀를 두었다.

대자 대녀들과 함께(2000년)

두만강 소견(豆滿江 所見), 70×135cm

세례 축일의 작품 나누기

2022년은 내가 세례를 받은 지 50년이 되는 해였다. 결혼한 부부가 50년을 함께하면 금혼식이라는 기념 행사를 갖는다. 나는 남편이 일찍 세상을 떠나 금혼식을 맞이하진 못했지만 혼자 남아 성당과의 금혼 세월에 이른 것이다. 뜻깊은 해를 맞아 무엇인가 의미가 있는 세례 축일 50주년을 생각해 보았다.

그렇다고 실제로 무슨 잔치까지 하는 건 우습겠고, 하느님과의 50년 의미를 갖고 싶어 곰곰이 생각하다가 나를 아껴주신 모든 분들께 나누고자 작은 기념선물을 준비하였다. 내가 이래봬도 한국미술협회의 문인화부문 국전 초대작가가 아닌가. 30여 년 붓을 잡아온 나름의 솜씨를 살려 세 종류의 그림을 그렸다.

한 장에는 성모님께 드리는 장미를 그렸고, 또 한 장에는 대자대녀를

세례 축일 기념으로 제작한 1만 장의 손수건 (3종)

많이 주신 열매로 포도를 그렸으며, 또 한 장에는 손자가 감 따는 모습을 그렸다. 손자는 가을만 되면 집에 와서 신중하면서도 집요한 노력으로 감을 잘 따는 것이었다. 그 모습에 착안하여 모든 것은 자기 스스로가 많은 노력을 해야만 얻어낼 수 있다는 의미를 담아 그린 것이었다.

1만 장의 작품을 제작하여 이웃 성당 신자들에게까지 나눔을 실천하였다. 벽에 붙여 놓으면 작품이요, 식탁에 깔아놓으면 예쁜 그림이요, 목에 두르면 스카프가 되는 가로세로 각 30cm의 작품이다. '주님은 사랑이시다 세례50주년기념'이라는 글귀도 넣었다.

그런 일이 흔치는 않은지 가톨릭신문 등 몇 군데 언론사에서 인터뷰 요청이 왔고 나중에 신문기사로도 실렸다.

그즈음 본당에서 나에게 세례50주년에 대해 한마디 하는 자리를 마련해 주셨다. 과분한 자리였지만 나는 설레는 마음으로 받아들이고는 그 전날 밤새워 강연 원고를 작성했다. 원고를 준비하며 50년의 신앙생활을 돌아보니 온갖 희로애락의 장면들이 주마등처럼 스쳤다. 이십대 이후로는

경인일보

kyeongin.com 2021년 2월 15일 월요일

"나부터 나눔의 삶" 반백년 봉사 실천한 '참신앙'

>> 인터뷰 천주교 세례 50주년 기념 기부 나선 인천 거주 김창례씨

손수 그린 문인화 수건 1만장 제작

1969년 어려운 가족 첫 도움 손길

양로원 등서 악기연주 재능기부도

"올해는 우리 사회가 조금 더 밝고 평화로워졌으면 좋겠습니다."

인천에 사는 김창례(75·세례명 루시아)씨는 최근 천주교 세례 50주년을 기념하기 위해 손수 그린 문인화 수건 1만장을 주변 이웃과 나눴다. 세례 50주년을 기념하는 것은 흔치 않은 일이라고 한다. 한국미술협회 문인화 초대 작가이기도 한 그는 "노력을 해야 뭐든 얻을 수 있다"는 의미에서 감 따는 소년 그림 등 세 종류의 그림을 수건에 그렸다.

김씨는 "1970년 12월24일에 세례를 받았는데 지난해 여름 가만히 생각해보니 세례를 받은 지 딱 50년이 되는 해였다"며 "나눔을 통해 이를 기념하고 싶었고 항상 힘이 됐던 그림으로 주변 이웃들에게도 무언가 도움을 주고 싶다는 생각에 직접 수건을 제작했다"고 밝혔다.

낮은 곳을 향해 50여년째 봉사활동을 하고 있는 김씨는 최근에 한 수건 나눔 역시 그 일환이었다. 아버지가 척추를 다쳐 생활고를 겪던 한 가정에 6개월간 부업으로 모은 돈을 전해주기도 하고 홀로 사는 노인들에게 매달 생활비를 지원하는 등의 활동을 이어가고 있다.

그중에서도 1969년 처음 봉사를 시작한 때가 가장 기억에 남는다고 했다. 그는 "세 들어 살던 주인집의 아들이 육공소에서 다쳐 숨을 거두는 일이 있었는데 당시 가족이 어찌할 줄을 몰라 이를 도우며 이틀간 영안실을 함께 지켰던 적이 있다. 이때부터 이웃을 돕기 시작한 것 같다"고 했다. 이어 "개인부터 이웃에게 친절하고 나누는 삶을 실천해야 우리나라가 조금 더 따뜻해질 것이란 생각에 봉사를 하고 있다"고 말했다.

금전적 지원뿐만 아니라 그림, 악기 연주 등을 통한 봉사도 그의 활동 중 하나다. 김씨는 1996년 경인미술대전 한국화 부문 입선을 시작으로 인천미술대전, 제물포서예문인화대전 등 많은 대회에서 상을 받았고 인천문인화협회전 등의 전시에도 참여한 이력이 있다. 또 색소폰과 창을 배워 양로원 등에서 공연을 선보이고 있다.

김씨는 "배고픈 사람에게는 밥이 되고, 목마른 사람에게는 물이 될 수 있는 사람이 되고 싶다"며 "앞으로도 늘 누구에게나 보탬이 되는 사람이 되도록 노력할 것"이라며 미소지었다. /공승배기자 ksb@kyeongin.com

나눔에 앞장서고 있는 김창례씨는 "늘 누구에게나 보탬이 되는 사람이 되도록 노력할 것"이라고 말했다. /공승배기자 ksb@kyeongin.com

가톨릭신문 사람과 사람

세례 50주년 맞아 나눔 "오직 주님만 믿고 따랐다"

한국화가 김창례 화백

직접 그린 손수건 1만 장

본당 신자 등 이웃에 선물

평소 봉사와 선교 앞장서

53명 입교… 대자녀만 100명

"주는 것이 즐겁다"는 한국화가 김창례 화백은 "내 이웃을 예수님이라고 생각하고 서로 돕고 살면 세상이 더 아름다워질 것"이라고 말한다.

"주는 것이 즐거워요. 하느님께서도 넘치게 다 주셨잖아요. 내 이웃을 예수님이라고 생각하고 서로 돕고 살면 세상이 더 아름다워질 것입니다."

한국화가 김창례(루치아·인천 옥련동본당) 화백의 삶을 두 단어로 압축하면 '나눔'과 '봉사'다. 특히 그는 수십 년 동안 나라의 손길이 닿지 않는 소외된 이웃들을 돌보며 살아왔다. 20대 초반, 어린 나이에 사고로 비명횡사를 당한 이웃 소년의 빈소를 유족 대신 지킨 것을 시작으로 미인가 양로원, 나환우 어르신 등 다양한 어려움에 처한 이들을 도와 왔는데, 특히 가장이 다쳐 일을 못 하게 된 가정과 인연을 맺어 오래도록 생활비를 대 주기도 했다. 더욱 놀라운 것은 이 가정을 돕기 위해 김 화백은 양복 안감을 꿰매는 부업을 해 그 돈을 모아 전달했다는 사실이다.

또한 지금은 코로나19로 잠시 멈췄지만 지인들과 각자의 세례명 첫 글자를 딴 성 카비루스 봉사단을 조직해 전국 노인정과 양로원을 돌며 미용 봉사와 색소폰, 경기민요 공연을 다니기도 했다.

본당 봉사에도 앞장서 1980년 막내를 등에 업고 구역 반장을 시작한 이후로 자모회 회장, 레지오 마리애 서기·회계, 부천 소사동본당 노인대학 주임교수, 구역장 등을 거쳐 지금은 본당 사목회 부회장을 맡고 있다.

"자신감도 없고 아는 것도 없지만 할 수 있으니까 하느님이 주신 것이다"라는 생각으로 주어진 일에 늘 순명했다고.

사실 그의 인생에도 어려움이 적지 않았다. 6남매 맏며느리로서 시집살이와 가난도 겪었고, 어린 자식을 잃는 아픔도 있었다. 하지만 "기뻐도 웃고, 슬퍼도 웃었다"는 김 화백은 "'포기는 없다! 하면 된다!'는 믿음으로 희망을 잃지 않고 오직 주님만을 믿고 따랐더니 이렇게 꽃밭에서 살게 됐네요. 주님 나라에 가면 더 기쁘게 살겠죠"라고 말하며 또 웃었다.

지난해 12월 24일 세례 50주년을 맞아 김 화백은 대형 나눔을 계획했다. 한국미술협회 문인화 초대작가인 그가 손수 그린 문인화 3점을 담은 손수건 1만 장을 제작해 본당 신자들을 비롯한 여러 이웃들에게 나눠주는 것이다. 수건을 택한 이유는 추울 때 목에 두르면 스카프가 되고, 더울 때는 땀을 닦을 수 있고, 걸어놓으면 그림이 되는 등 다용도로 활용할 수 있어서다. 남들 다 하는 환갑, 칠순잔치도 하지 않은 대신 비용을 보태 수건을 제작했다.

각각의 그림에도 의미가 담겨 있다. 성모님께 드리는 장미꽃, 풍성한 열매를 의미하는 포도, 노력을 해야 얻을 수 있다는 뜻을 담은 감 따는 소년을 그렸다.

김 화백은 나눔 못지않게 선교에도 열심이다. 말보다는 행동으로 신앙을 실천했기에 그의 모습에 감화된 이들이 많아 53명을 입교시켰고, 100명이 넘는 대자녀를 두었다.

"마음을 먼저 열고 다가가면 됩니다. 가까이 다가가면 누구에게나 선함이 있거든요." 그가 밝힌 선교의 비결이다.

김현정 기자

나의 삶 전부가 신앙과 연계돼 있었음을 새삼 느낄 수 있었다.

나는 내 인생에서 하느님을 모시게 된 것을 가장 큰 영광이며 기쁨으로 여기고 살아왔다. 하느님께서는 나의 초라한 삶을 의미 있고 빛나게 해주셨고, 사랑과 나눔을 통해 내 자신과 나를 둘러싸고 있는 주변 전체를 다르게 볼 수 있는 내적인 힘을 가질 수 있게 해주셨기 때문이다.

월야추심(月夜秋心), 70×33cm

내조의 명예

국제경영 명예박사학위를 받고나서…

국가의 부강과 가정의 화목을 위해 고전분투했던 지난 나날들!

선진국의 기계 전시회가 열리면 빠짐없이 남편과 함께 동행하며 연구에 몰두했던 나날들.

세계 속에 대한민국을 부각시킨 공로로 대통령상까지 수상한 그 사람!

한줌의 재가 되어 명예만이 허공 속에 남아있는 그 사람!

떠나는 순간까지도 나라사랑, 가족사랑, 아내사랑을 아끼지 않았던 그 사람을 지켜주지 못한 부끄러움이 앞선다. 그러한 나에게 내조의 역할을 훌륭히 해냈고, 실전에 강한 경영자라고 2013년에 미국 YUIN 대학교로부터 국제경영 명예박사학위가 주어졌다.

YUIN UNIVERSITY 경영학 박사 학위 받다(라마다호텔)

박사보다 더 높은 게 밥사라고 들었다.

앞으로 더욱 체계적인 경영방침으로 무장하여 사업을 운영함으로써 세상의 모든 이에게 밥 잘 사는 박사로서도 존경받는 어른으로 거듭나야겠다는 굳건한 다짐을 한다.

세상 모든 이에게 밥 잘 사는 박사로서도
존경받겠다 다짐한다.

마침의 글

인생아! 고마웠다

하늘의 뜻에 순응하고, 세상 이치에 동행하며 바람 따라 세월 따라 살다 보니 팔십이 성큼 다가왔다. 참! 씩씩하게도 살아왔다는 생각이 든다.

남들처럼 평범한 삶이었지만 기회와 시간을 소중히 활용하며 기쁘고 행복한 나날을 맛보았다. 행복은 그저 멀리 있는 것이 아니었다.

국가관이 투철한 남편 덕분에 사회와 이웃에 필요한 역할을 하게 되었고, 신앙을 바탕으로 검소하고 소박한 생활로 나눔의 실천과 봉사로 미소 속에서 살아왔다.

누구나가 좋아하는 사람으로 남고 싶다.

인생아! 고마웠다. 나를 이렇게 성장시켜 주어서! 참으로 고마웠다.

앞으로의 남은 생. 비우고 내려놓는 삶으로 바람처럼 구름처럼 순리에 맡기는 삶이 되기를…….

인생아! 고마웠다.

가족력으로 일궈낸

기적

월야추색(月夜秋色), 42×54cm